Pass auf,
was
du denkst

Bruce I. Doyle III

Pass auf, was du denkst

Eine illustrierte Anleitung
zum Verständnis,
wie deine Gedanken
und Überzeugungen
dein Leben beeinflussen

Übersetzung:
Susanne M. Kirchberger
3. Auflage 2003
© J. Kamphausen Verlag &
Distribution GmbH
Postfach 101849, D-33518 Bielefeld
info@j-kamphausen.de

Lektorat:
Hans-Jürgen Zander
Umschlag-Gestaltung,
Typografie und Satz: Wilfried Klei
Illustrationen: Franz-Josef Wiewel
Druck & Verarbeitung:
Wiener Verlag, Himberg

Die Deutsche Bibliothek – CIP-Einheitsaufnahme

Doyle III, Bruce I.:
Pass auf, was du denkst : eine illustrierte Anleitung
zum Verständnis, wie deine Gedanken und Überzeugungen
dein Leben beeinflussen / Bruce I. Doyle III.
[Übers. Susanne Kirchberger].
3. Aufl. - Bielefeld : Kamphausen, 2003
Einheitssacht.: Before you think another thought <dt.>

ISBN 3-933496-52-7

Für die Ganzheit – Deine, Meine und Unsere

Es war an einem dieser Morgen –
eine Wolke versteckte die Sonne.
Die Bärin blickte nach oben und sagte sich:
„Oh, das ist nicht schön!"

Dann fing sie an zu denken,
dachte an üppige Blumenwiesen
und klare, helle Regenbögen,
die den Schauern folgen.

Dann lächelte sie ein breites Lächeln,
denn plötzlich wusste sie:
Ein Tag ist so schön
wie du ihn empfindest.

Vorwort zur deutschen Ausgabe

Cogito, ergo sum – ich denke, also bin ich. Von dieser These ging schon der bedeutende europäische Philosoph Descartes im 17. Jahrhundert aus. Er hatte von alten griechischen Philosophen wie Sokrates und Platon gelernt. „Ich bin, was ich denke zu sein", könnte man diesem Buch voranstellen. „Und wenn ich verändern möchte, wie ich jetzt bin, muss ich mit meinen Gedanken beginnen. Auch heutige Schulen wie die Avatar-Methode, auf die sich Doyle bezieht, das Neurolinguistische Programmieren (NLP) und viele andere, im weiteren Sinne auch die Psychotherapie arbeiten auf der Grundlage, dass wir mit dem, was wir glauben, unsere Realität beeinflussen.

In der Psychotherapie betonen wir die Bedeutung der Vergangenheit, besonders unserer Kindheit, für unser gegenwärtiges Leben. Es geht um Verarbeitung alter Verletzungen in liebevoller und wertschätzender Umgebung, um Heilung und ein besseres Leben zu erreichen.

Im Wiedererleben alter traumatischer Begebenheiten in nun schützender Umgebung entsteht die Möglichkeit, Glaubensmuster, die im Zusammenhang mit früheren Erlebnissen damals passend folgerichtig erschaffen wurden, im Bezug auf das heutige Leben erneut zu überprüfen, und zwar in Bezug auf Gültigkeit und Nützlichkeit für heute bestehende Ziele, Wünsche und Anforderungen.

Wer allerdings einmal spürbar erfahren hat, welche Macht unsere Gedanken und Überzeugungen auf die von uns erfahrene Realität haben, wird vielleicht nach Wegen suchen, direkt die eigenen Überzeugungen und Gedanken zu erforschen und im Sinne der heutigen Ziele zu verändern. Mit dem Glauben daran, dass wir unsere Realität beeinflussen können, werden wir auch mutiger zu träumen, tatsächliche Visionen und Ziele zu entwickeln. Es fällt uns leichter, Begrenzungen in Bezug auf unsere Ziele als unsere Überzeugungen zu erkennen und aufzulösen. Wenn unsere Gedanken und Überzeugungen unsere Realität, also unser Leben kreieren und wir lernen, diese bewusst zu erschaffen und aufzulösen, sind wir in der Lage, die Macht und die Verantwortung für das eigene Leben zu übernehmen und damit das Schuldprinzip loszulassen. Welch ungeahnte Möglichkeiten!

B.J.Doyle bietet mit diesem Buch einen konkreten, pragmatischen Leitfaden an, um durch eine veränderte Sichtweise auf unsere jeweiligen Lebenszusammenhänge unser Leben neu zu betrachten und die Gedanken und Überzeugungen zu erforschen, die dazu führen, dass unser Leben so ist, wie es ist.

Diese Erkenntnisse können genug Schwung geben, um der eigenen Intuition folgend die Reise weiter fortzusetzen.

Die Avatar-Methode, die Harry Palmer entwickelt hat, ist neben anderen ein Weg, der es uns ermöglicht, über das Erforschen der Gedanken und Finden neuer Ziele und Visionen hinaus behindernde Überzeugungen tatsächlich aufzulösen, um Platz für Neues zu schaffen.

Cristina Wild,

Kassel
Ärztin für Psychiatrie und Psychotherapie
Avatar-Trainerin

Bemerkungen der Übersetzerin

Für mich persönlich und auch für meine Arbeit bedeutete „Cogito, ergo sum" manchmal eher „Ich denke, also bin ich verwirrt", nämlich wenn ich das Gefühl hatte, dass sich meine Gedanken einfach verselbstständigten und mich dachten. (Kein Wunder bei etwa 60.000 Gedanken, die wir täglich denken!)

Als ich vor über 15 Jahren begann, mich mit dem Thema „Überzeugungen" zu befassen, empfand ich es immer offensichtlicher, wie sehr wir mit unseren Gedanken unser Leben beeinflussen. Je mehr ich mich damit beschäftigte, desto einfacher und klarer wurde mein Leben. Seit über 10 Jahren gebe ich mit viel Spaß diese Erfahrungen in meinen Seminaren weiter und freue mich immer wieder über tiefgreifende Veränderungen und ungeahnte Möglichkeiten im Leben der Seminarteilnehmer.

Jahrelang verschenkte ich die amerikanische Ausgabe dieses Büchleins: Insofern war es naheliegend, es auch zu übersetzen und in Deutschland herauszubringen. Es bietet einen kleinen Einstieg in das Thema und einen Ausblick auf mögliche Ergebnisse. Die Avatar-Methode, auf die sich Bruce Doyle bezieht, umfasst auch den Zusammenhang zwischen Gefühlen und Gedanken und ermöglicht somit, das Leben nicht nur zu denken, sondern es auch mit allen Gefühlen im Einklang zu leben (...und dazu ist das Leben ja da, sonst hieße es ja „Denken"!)

Susanne Maj Kirchberger,

Deutschland und Norwegen
Trainerin für Persönlichkeits- und Personalentwicklung
Avatar-Training, Worpswede,
Tel.: 04792/3546, Fax.: 04792/310753

Vorwort des Autors

Was ich mit dir teilen möchte, kommt direkt aus meinem Herzen. Es sind meine Erfahrungen und das, was für mich wahr ist. Ich biete keine wissenschaftlichen Beweise für meine Darlegungen an. Die meisten meiner Analogien wollen einfach etwas veranschaulichen, was – rein wissenschaftlich – jenseits des menschlichen Verständnisses liegt. Sie sollen dir also lediglich einen Bezugsrahmen geben.

Wenn das, was ich zu sagen habe, dich dazu inspiriert, mehr erfahren zu wollen, dann habe ich meine Mission erfüllt: Nämlich die Botschaft zu verbreiten, dass wir alle unbegrenzte Wesen sind und nur unsere individuellen Überzeugungen uns zurückhalten. Unsere Überzeugungen entspringen den Gedanken, die wir als wahr angenommen haben. Jeder Einzelne unserer Gedanken ist ein Faden in dem Gewebe, das wir als unser Leben erfahren. Und jeder von uns webt seinen eigenen Lebensstoff. Gemeinsam weben wir den Teppich des Lebens – das wir alle erfahren.

Wenn das Leben, das du erfährst, dich nicht erfüllt, so ist meine Hoffnung, dass dir durch Verstehen der „Grundlagen der Gedanken" neue Einsichten zufließen, das Leben zu leben, das du verdienst. Ein Leben ohne Grenzen.

Dank

Ich danke jedem einzelnen Menschen, der je in meinem Leben eine Rolle gespielt hat. Ich weiß jetzt, dass es dich gab, um mir meine eigenen Projektionen und Überzeugungen zu reflektieren. Das habe ich endlich begriffen. Diejenigen von euch, denen ich Schuld zugeschoben habe – bitte vergebt mir. Vor denen, die mich inspiriert haben, verbeuge ich mich.

Mein Dank geht an die folgenden Leser des ersten Manuskriptes für ihre Kommentare und Vorschläge: Anne-Marie Bercik, Henrietta Buck, Shirley Calkins Smith, Guido DiGregorio, Stephanie Farrell, Anne Gouzy, Victoria Heasley, John Herman, Ginger Holler, Harry Palmer, Elaine Phillips, John Phillips, Eddy Savary, Harriett Simon Salinger, Betty Souls und Leon Stuckenschmidt.

Mein Dank gilt ferner auch Sydne Heather Schinkel, der Verfasserin von „Earthbridge Crossing", sowie ihrem Mann Thomas für ihr ausgezeichnetes Redigieren und ihren professionellen Beitrag zur überarbeiteten Ausgabe.

Besonderer Dank gilt Sharron Barron von Finally Unlimited für die „Wir" Lektionen – meine Einführung in das System der Überzeugungen.

Ausdrücklicher Dank auch an Harry Palmer für das Erschaffen des Avatar-Kurses. Avatar hat mein Verständnis vom System der Überzeugungen vertieft und mich mit weiterem Werkzeug ausgestattet, um der Erfahrung des unbegrenzten Lebens noch näher zu kommen.

Meine tiefe Wertschätzung gilt auch Mauren Barrel für ihren kreativen Beitrag beim Entstehen dieses Buches.

Und schließlich und endlich innigen Dank an jenen Teil von mir, der jetzt den Mut besitzt, Dinge (– über mich –) mit euch zu teilen – etwas, was vor kurzer Zeit noch undenkbar gewesen wäre. Möge euch dieses Teilen weiterhelfen.

Liebe und Wertschätzung euch allen.

Einleitung

Hast du jemals das Gefühl gehabt, wie ein kleines Boot zu sein, das auf dem offenen Meer treibt – ganz allein den Launen der übermächtigen Wellen überlassen? Egal wie hart du dich auch in die Riemen gelegt hast, du konntest keinen Einfluss auf den Kurs nehmen – du hattest das Gefühl, alles sei außer Kontrolle? Trotz aller Bücher, Kassetten, Workshops und Seminare, die es für die unterschiedlichen Aspekte der Persönlichkeitsentwicklung gibt – von der Berichtigung grundlegender Einstellungen angefangen bis zu spiritueller Erleuchtung – scheint es immer noch eine Menge Menschen auf diesem Planeten zu geben, die das Gefühl haben, alles sei außer Kontrolle geraten und verzweifelt versuchen, ihr Leben wieder in den Griff zu bekommen. Vielleicht bist du ja einer von ihnen. Das Selbstwertgefühl vieler Menschen ist ständig auf dem niedrigsten Stand. Was ist mit ihnen los? Was fehlt ihnen?

Das, was da fehlt, ist ein klares Verständnis für die Grundlagen, mit denen jeder von uns seine eigenen Lebenserfahrungen schafft. Ja, ich meine *seine eigenen*. Wir alle sind für unsere eigenen Erfahrungen verantwortlich.

Gedanken und Überzeugungen sind die grundlegenden Elemente jeder Kreation. Sie existieren als winzige Energiewellen, Gedankenformen genannt. Sie dienen ausschließlich dazu, die Absichten des Denkenden auszuführen.

Wenn du verstehst, wie deine Gedanken und Überzeugungen funktionieren, kannst du erkennen, wie einige deiner begrenzenden Überzeugungen dich davon abhalten, Ziele zu erreichen. Solche Überzeugungen lassen sich beseitigen.

Wenn du verstanden hast, dass du eine *energetische Handschrift* besitzt, die von deinen Überzeugungen stammt, kannst du erkennen, wie du bestimmte Ereignisse, Umstände und Beziehungen in deinem Leben anziehst. Indem du deine Überzeugungen änderst, ziehst du neue, begehrenswertere Erfahrungen an.

Wenn du erkennst, dass deine Gedanken und Überzeugungen deine Erfahrungen bestimmen, dann bist du auf dem besten Weg, Meisterschaft über dein Leben zu erlangen.

Wie Gedanken wirken

Gedanken

Hattest du jemals Gedanken, die du nicht mit anderen teilen wolltest? Gedanken über andere Menschen, von denen du wusstest, dass sie sie empören würden, wenn du sie äußertest? Vielleicht über ihre Kleidung, ihr Benehmen oder andere Dinge, die dich gestört haben? Du hast gezögert, ihnen deine Gedanken mitzuteilen, weil du den Frieden in eurer Beziehung erhalten wolltest. Möglicherweise hast du dir sogar Vorwürfe wegen dieser fürchterlichen Gedanken gemacht – „Wie konnte ich nur so etwas denken?"

Für die meisten Menschen sind Gedanken oder Ideen Begriffe, die zu ihrem eigenen persönlichen Gebrauch in ihrem Kopf vorgehen. Gedanken helfen Lösungen zu finden, Situationen zu beurteilen, Entscheidungen zu fällen und Gefühle hervorzurufen. Manchmal treiben sie dich auch zum Wahnsinn (na ja, fast).

Es mag den Anschein haben, dass die Gedanken oder Ideen in deinem Kopf lediglich umherschweifen, aber in Wirklichkeit existiert jeder Gedanke als winzige Energiewelle, die Gedankenform genannt wird. Eine Gedankenform ist real – sie existiert. Sie wird von dir nur nicht wahrgenommen, weil ihre Energievibration (Frequenz) außerhalb des Empfangsbereichs menschlicher Sinne liegt. Sie ist schneller als Lichtgeschwindigkeit und deswegen für dich nicht sichtbar.

Energiespektrum

Frequenz in Zyklen pro Sekunde

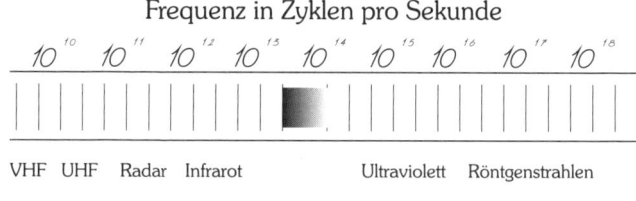

| VHF | UHF | Radar | Infrarot | | Ultraviolett | Röntgenstrahlen |

Sichtbares Licht

**Unsere Sinne sind auf eine bestimmte Bandbreite
von Frequenzen beschränkt.**

Wahrscheinlich ist dir dieses Konzept verständlicher, wenn du es auf etwas beziehst, was du schon kennst, aber bis jetzt wenig beachtet hast. Wenn du so bist wie die meisten von uns, hast du wahrscheinlich einen Lieblingsradiosender. Vielleicht einen UKW Sender mit „deiner" Musik. Sagen wir einfach mal 102.7 auf der Skala.

Diese Zahl bedeutet, dass die Übertragungsfrequenz für diesen Sender 102.7 Megahertz (Megazyklen) beträgt. *Mega* ist die metrische Bezeichnung für eine Million. Die Energie, die vom Sender übertragen wird, vibriert ständig im Raum um dich herum. Ist aber dein Radio nicht auf 102.7 Millionen Zyklen pro

Sekunde eingestellt, nimmst du gar nichts wahr.

Was ich meine, ist Folgendes: Es gibt viele Informationen, die im Raum um uns herum vibrieren. Wir sind uns aber ihrer nicht bewusst, weil unsere Sinne auf eine bestimmte Reichweite von Frequenzen begrenzt sind. Und ein paar von diesen Informationen im Raum sind winzige, feine Gedankenformen.

Die Aufgabe jeder einzelnen Gedankenform ist es, das Vorhaben des Gedankens zu erfüllen – die Wünsche und Absichten des Denkenden auszuführen. Das erreicht sie, indem sie ähnliche Gedankenformen anzieht, die ihr helfen, in Erfüllung zu gehen. Eigentlich bist du wie ein Radiosender, der seine Wünsche, Absichten und Ideen hinaus in das Universum sendet – ohne jede Zensur. Stell dir einen König vor, der ausgewählte Mit-

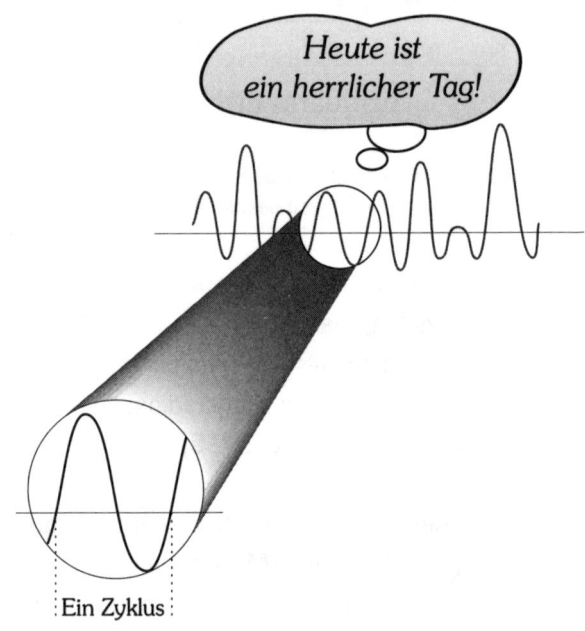

Gedanken existieren als Gedankenform.

glieder des Hofstaates in sein Königreich aussendet, um sich seine Wünsche erfüllen zu lassen (sogar seine geheimsten).

Hat jemand schon mal zu dir gesagt: „Pass auf, was du dir wünschst – es könnte in Erfüllung gehen?" Hast du schon einmal mit jemandem, der dir nahe steht, gleichzeitig den gleichen Gedanken gehabt? Haben Menschen dich schon einmal beschuldigt, ihre Gedanken zu lesen? Gibt es Menschen in deinem Leben, die auf „deiner Wellenlänge" sind? Manche Menschen sind sehr empfänglich für die Vibrationen von Gedankenformen. Wenn du irgendeine der vorhergehenden Fragen mit „ja" beantwortet hast, dann bist du wahrscheinlich einer von ihnen.

Überzeugungen

Gedanken, die du als wahr annimmst, werden zu deinen Überzeugungen.

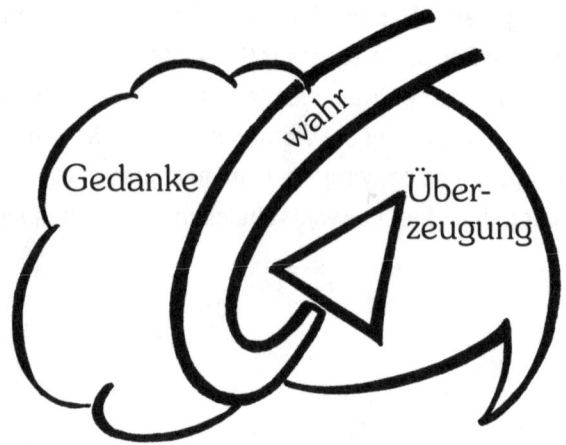

Alle deine individuellen Überzeugungen zusammengenommen ergeben dein Überzeugungssystem.

Angenommen, ich würde dir erzählen, dass der Mond aus Schweizer Käse besteht, würdest du mir das wahrscheinlich nicht abnehmen. Auf der Grundlage dessen, was du schon weißt, würdest du es nicht für wahr halten und es würde kein Bestandteil deines Überzeugungssystems werden. Aber wenn ich sagen würde: „Die Wetterbedingungen auf der Welt werden sich dramatisch ändern", dann würdest du wahrscheinlich zustimmen. Einige haben dafür ja schon reale, greifbare Beweise. Du hättest das Gefühl, dass meine Behauptung wahr ist und würdest sie deinen bereits existierenden Überzeugungen hinzufügen.

Überzeugungen sind besondere Gedankenformen, die zu Bestandteilen deines individuellen Glaubenssystems werden. Da sie als Energiewellen existieren, die du in das Universum sendest, vereinigen sie sich darüber hinaus noch mit ähnlichen Gedankenformen, um so Ereignisse, Umstände und Beziehungen zu schaffen, die deine Überzeugungen beweisen.

„Halt mal", wirst du sagen, „ist das nicht umgekehrt? Zuerst mache ich eine Erfahrung – und dann kann ich daran glauben." Du kennst doch das alte Sprichwort: „Ich glaube etwas erst, wenn ich es sehe."

Klar, das ist ein sehr altes Sprichwort, aber die Wirklichkeit ist genau umgekehrt. Du wirst etwas nur erfahren, wenn du auch daran glaubst. Zuerst muss die Überzeugung da sein. Wenn du eine Erfahrung machen würdest, ohne daran zu glauben, wie könntest du sie dann glauben? Deine Erfahrung bestätigt nur deine Überzeugung – die Überzeugung geht also der Erfahrung voraus. So funktioniert das Universum.

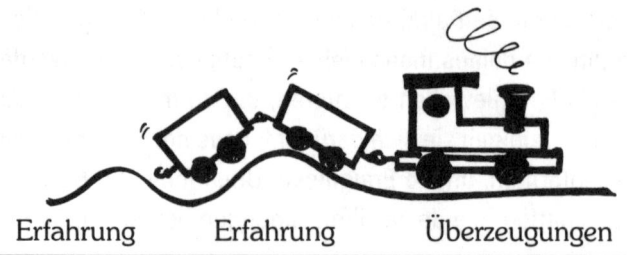

Erfahrung	Erfahrung	Überzeugungen

Die Überzeugung geht der Erfahrung voraus.

Wenn du glaubst, arm zu sein – könntest du dann die Erfahrung machen, reich zu sein? Wenn du glaubst, dick zu sein – könntest du dann die Erfahrung machen, schlank zu sein? Und wenn du glaubst, dumm zu sein – könntest du dann die Erfahrung machen, klug zu sein? Denke mal darüber nach! Was du glaubst, erlebst du.

Überzeugungen werden im Allgemeinen als bewusste oder unbewusste Überzeugungen bezeichnet.

Über bewusste Überzeugungen bist du dir im Klaren; mit ein paar Anregungen könntest du einige aufschreiben. Bewusste Überzeugungen können hilfreich – wie „Ich bin toll" und „Das Leben ist aufregend" oder begrenzend wirken – wie „Ich bin ungeschickt" und „Die Männer hassen mich".

Unbewusste Überzeugungen sind Überzeugungen, über die du dir nicht im Klaren bist. Du weißt noch nicht einmal, dass es sie gibt, und die Erfahrungen aus ihnen nimmst du als „So ist eben das Leben" hin. Du fühlst dich auch nicht verantwortlich dafür, sie als Überzeugungen angenommen zu haben. Diese Überzeugungen sind für dich transparent, also durchsichtig.

Ein Beispiel für eine begrenzende, unbewusste Überzeugung könnte sein: „Nie läuft es so, wie ich es möchte", was vielleicht aus einem Schluss aus Kindertagen über Autorität stammt. Später im Leben könnte diese Überzeugung immer wieder als Konflikt mit Vorgesetzten auftreten. So ein Mensch wird öfter sagen: „Alle Chefs sind Idioten", doch ihm wird dabei nicht klar sein, dass er aus einer transparenten Überzeugung heraus handelt. Wie du sicher weißt, erleben nicht alle Menschen ihre Vorgesetzten so.

Ein Beispiel für eine hilfreiche unbewusste Überzeugung wäre etwa: „Ich bin immer in Sicherheit". Menschen mit dieser Überzeugung sind sich vielleicht nicht klar bewusst, aber sie leben ihr Leben, ohne sich Gedanken um ihre Sicherheit zu machen. Sie ziehen keine möglicherweise gefährlichen Situationen an und würden auch keine Bedrohung wahrnehmen, selbst wenn es eine gäbe.

Überzeugungen

		hilfreich	begrenzend
Verstand	bewusst	• Ich bin klug. • Alles klappt. • Ich bin gesund. • Das Leben ist aufregend.	• Ich bin nicht besonders klug. • Ich kann nicht... • Ich werde immer dick bleiben. • Ich bin ungeschickt. • Männer hassen mich.
	unbewusst	• Die Welt ist sicher. • Es findet sich schon. • Ich gehöre dazu. • Ich bin in Ordnung.	• Ich bin ein Versager. • Keiner liebt mich. • Ich verdiene es nicht, glücklich zu sein. • Die Welt ist unheimlich.

Meinem Überzeugungsmodell kannst du entnehmen, dass es grundsätzlich vier betrachtenswerte Bereiche von Überzeugungen gibt. Auf der bewussten und unbewussten Ebene finden sich sowohl hilfreiche als auch begrenzende Überzeugungen. Die Letzteren werden wir uns genauer anschauen. Denn wenn du sie erst einmal beseitigt hast, wirst du weniger Energie und Aufmerksamkeit aufwenden müssen, um die Umstände zu erschaffen, die du in deinem Leben haben willst.

Jeder Gedanke und jede Überzeugung hat seine entsprechende Gedankenform, eine dynamische Energiewelle mit zwei Schlüsselparametern: eine Vibrationsfrequenz, die dem Vorhaben und eine Wellenlänge, die der Menge des damit verbundenen Begehrens entspricht. Jedes unserer Überzeugungssysteme kann durch eine energetische Handschrift vertreten sein (unserer individuellen Handschrift nicht unähnlich), die einzigartig für uns ist und uns grundlegend definiert. Wir sind wie energetische Magneten, die unsere Erfahrungen anziehen.

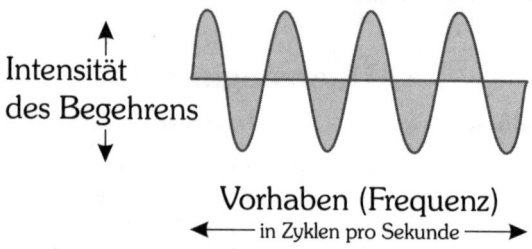

Jede Gedankenform hat zwei Schlüsselparameter

Ist dir schon einmal aufgefallen, dass du dich manchen Menschen gegenüber bei der ersten Begegnung wohlfühlst und bei anderen nicht? Du spürst ihre Energiefelder. Die, bei denen du dich wohl fühlst, haben mit großer Wahrscheinlichkeit ähnliche Überzeugungen wie du. Verlasse dich auf dein Gefühl.

Stehst du in enger Beziehung zu einem Menschen, dann fühlst du, dass er aufgeregt ist, noch bevor er etwas sagt. Du spürst, dass sich seine Energie verändert hat – auf eine niedrigere Frequenz.

Deine grundlegende Energiesignatur ist die Summe all deiner Gedanken und Überzeugungen. Du definierst dich selbst – deine Persönlichkeit, dein Aussehen und dein Verhalten. Du bist der Einzige, der deine Gedanken und Überzeugungen erschaffen oder verändern kann. Und deine Überzeugungen erschaffen das, was du im Leben erfährst.

Hast du schon einmal versucht, jemanden zu ändern? Hat nicht geklappt, oder? Niemand kann die Gedanken eines anderen Menschen ändern. Ein Individuum muss selbst den Willen zur Veränderung haben und das alleine durchführen. Weil jeder von uns für seine eigenen Gedanken verantwortlich ist, sind wir als Konsequenz daraus auch für unsere eigenen Gefühle verantwortlich. Deine Gefühle werden von deinen Gedanken hervorgerufen. Achte darauf: Hast du positive Gedanken, dann fühlst du dich gut. Und wie fühlst du dich bei negativen Gedanken?

Deine energetische Signatur zieht deine Lebensumstände an.

Hat dir schon einmal jemand vorgeworfen, du habest seine Gefühle verletzt? Ist dir jedoch klar, dass du seine Gedanken nicht erschaffen kannst, verstehst du, dass das auch für seine Gefühle gilt. Wie befreiend! Jetzt kannst du dich endlich von dem alten Spruch befreien, mit dem wir alle groß geworden sind: „Du sollst die Gefühle anderer Menschen nicht verletzen." Natürlich gibt es bei allen Dingen ein angebrachtes Maß. Aber du kannst die Gefühle anderer nicht bestimmen – sie sind voll und ganz ihre eigenen.

Im College-Psychologiebuch meiner Tochter Megan findet sich das Beispiel von einem Mann, der in der überfüllten U-Bahn hart angerempelt wird. Seine erste Reaktion ist unverhohlener Ärger – ihm schwebt das Bild einer großen, derben Frau vor, die sich ihren Weg durch die Menge bahnt. Er dreht sich um und merkt, dass die Frau, die ihn angerempelt hat, blind ist. Und seine Gefühle wandeln sich blitzartig, als sein Verstand ihm verständnisvolle Gedanken eingibt. Seine Gedanken – seine Gefühle.

Erinnerst du dich an deine Erfahrungen – wie du dich gefühlt hast – als du noch an den Weihnachtsmann glaubtest? War doch spannend, nicht wahr? Und wie war deine Erfahrung, als du herausfandest, dass es ihn gar nicht gibt und du deine Überzeugung geändert hast? Es hat deinem Leben viel Spaß genommen, nicht wahr? Andere Überzeugung – andere Erfahrung!

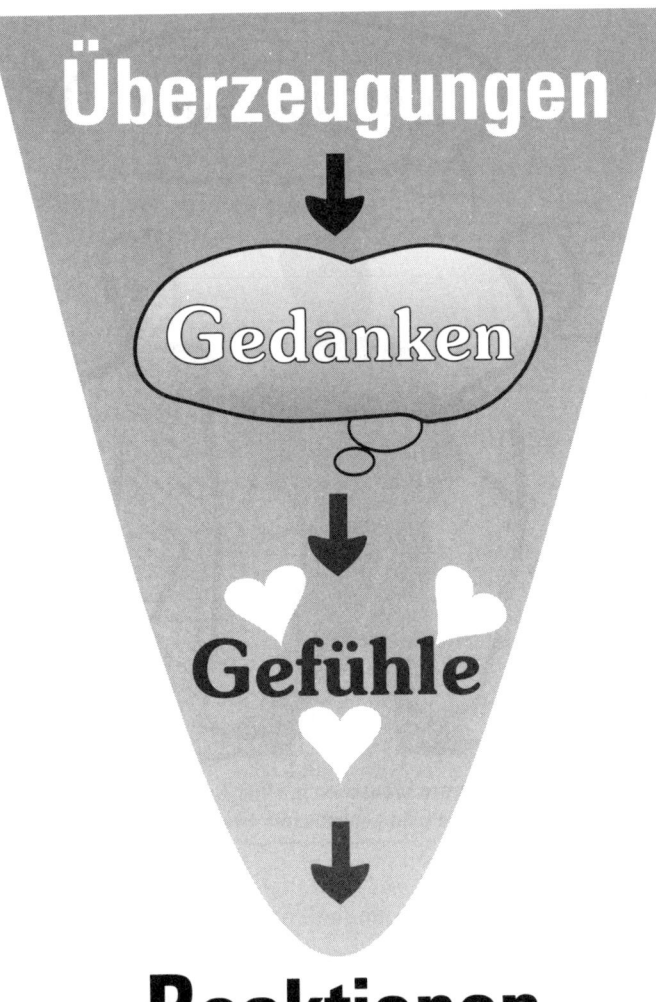

**Stimmen mehrere Menschen in einer Sache überein,
wird daraus eine gemeinsame Überzeugung.**

Gemeinsame Überzeugungen können viele Individuen einschließen. Die unterschiedlichen Religionen auf unserem Planeten sind ein gutes Beispiel für viele Individuen, die gemeinsame Überzeugungen teilen. Weitere Beispiele unterschiedlicher Überzeugungssysteme sind all die verschiedenen sozialen, finanziellen und politischen Strukturen auf unserem Erdball. Wichtig dabei ist, in Erinnerung zu behalten, dass jedes Individuum das Recht auf seine eigenen Erfahrungen und konsequenterweise auch auf seine bzw. ihre eigenen Überzeugungen hat.

Jeder hat seine eigene Wahrheit.

In dem Moment, wo du versuchst, andere davon zu überzeugen, dass deine Überzeugungen die einzig richtige Wahrheit sind, entstehen Schwierigkeiten. Natürlich haben wir alle unsere eigenen Wahrheiten. Die Wahrheit gehört stets dem Glaubenden, und es gibt so viele Wahrheiten wie Glaubende. Viele können gemeinsame Überzeugungen teilen, aber im Grunde genommen schafft sich jeder auf der Grundlage seiner Überzeugungen seine ureigene Perspektive der Welt.

So lebt jeder von uns in seiner eigenen Welt und trägt dafür die Verantwortung. Sicherlich ist deine Welt anders als meine und diese wiederum ganz anders als die deiner Nachbarn. Hast du dich schon einmal gefragt, wie du wohl auf andere wirkst? Wie es wäre, in die Haut eines anderen Menschen zu schlüpfen? Wir alle betrachten das Leben aus unserer eigenen Perspektive (die auf unseren Überzeugungen beruht), und für jeden Menschen erscheint das Leben anders. Der einzig wirkliche Unterschied zwischen uns ist nur das, was wir glauben.

Sicherlich sehen wir auch unterschiedlich aus, aber vielleicht ist ja auch das nur eine Glaubenssache. Wenn du dich dabei ertappst, dass du jemanden von etwas überzeugen möchtest, was du glaubst, dann frage dich, ob du es tatsächlich glaubst. Musst du wirklich jemanden von deiner Wahrheit überzeugen, bedeutet das, dass du deine eigene Überzeugung anzweifelst. Wenn du etwas wirklich glaubst, gibt es nicht den geringsten Zweifel. Nur hoffen, etwas könne wahr sein, öffnet den Raum für Zweifel. Hast du keine Zweifel, dann kannst du dich jeder Herausforderung unerschüttert und ohne Emotionen stellen – du kennst die Wahrheit.

Die Struktur der Gedankenformen

Die Einsicht in die Struktur der Gedankenformen unterstützt dich dabei, ihren Einfluss auf Überzeugungssysteme zu verstehen.

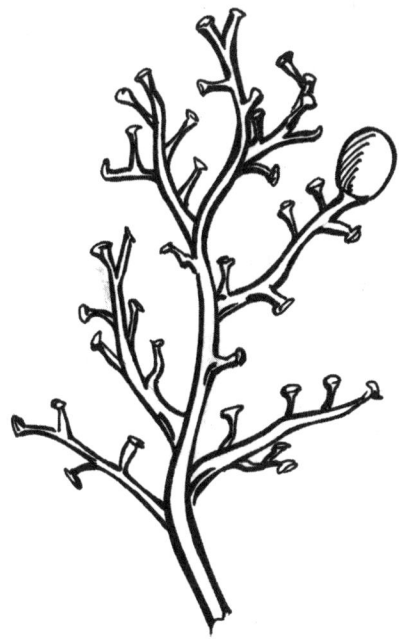

Meiner Meinung nach neigen Gedankenformen dazu, sich wie Weintrauben zu sammeln und anzuhäufen. Nimm eine Rebe mit Weintrauben, entferne die Trauben und du erhältst eine Ansammlung von Ästen in alle Richtungen. Zur Mitte hin werden die Äste dicker und fester. Du landest dann beim „Kern"-Ast.

In meiner Analogie entspricht dieser mittlere Ast der „Wurzel" der Gedankenform – jener ursprünglichen und tief gewachsenen Gedankenform, die der Ursprung für die weitere Entwicklung des berührten Themas ist. Mit jeder neuen Idee, Angelegenheit oder Situation festigt die ursprüngliche Gedankenform, die du entwickelst, das grundlegende Muster oder die Rohfassung einer Erfahrung. Alle weiteren Gedanken und Überzeugungen in Bezug auf das Thema werden sich an die Wurzel-Gedankenform hängen wie Äste an einen Stamm. Um eine Angelegenheit zu klären, musst du – bildlich gesprochen – „die ursprüngliche Gedankenform mit den Wurzeln herausreißen."

Ein ehemaliger Kollege von mir sagt jedes Mal, wenn er etwas Neuem begegnet: „Das wird schwierig". Was, glaubst du, macht er für Erfahrungen? In seinem Leben folgt ein Kampf dem anderen und es kostet ihn viel Energie, sie durchzustehen.

Die stärksten und einflussreichsten begrenzenden Überzeugungen, mit denen du umgehen musst, betreffen wahrscheinlich dein Selbst-Konzept (deine Überzeugungen über dich). Deine „Ich bin..." Aussagen. Diese Überzeugungen stammen gewöhnlich aus der Kindheit oder Jugend. Sie werden oft als „Konditionierung" oder „Programmierung" bezeichnet.

Ich benutze keinen dieser Ausdrücke. Für mich bedeuten sie, dass „dir etwas angetan" wurde. Das erzeugt Schuldzuweisungen und geht der Übernahme von Selbstverantwortung aus dem Wege. Niemand außer dem Glaubenden – nämlich du selbst – kann eine Überzeugung wählen oder annehmen.

Sogar als Kind hattest du eine Wahl gehabt. Da die Erfahrung wahrscheinlich eine Autoritätsperson oder jemand in einer einflussreichen Position beinhaltete, hast du natürlich die Einschätzungen dieser Person übernommen. Was für einen Grund hättest du auch haben sollen, seine Einschätzungen von dir zu bezweifeln? Keinen.

Aber jetzt, als erwachsener Mensch, kannst du diese Entscheidung neu bewerten. Jetzt kannst du überprüfen, ob du an bestimmten Überzeugungen, die nicht gerade zu deinem Besten sind, festhalten möchtest. Überzeugungen sind wie Ideen – gute behält man, schlechte lässt man fallen.

Ein hilfreiches Beispiel

Schauen wir uns zunächst einmal den günstigen Einfluss einer hilfreichen Überzeugung an.

Als kleines Kind lebte Jane in einer sehr positiven Umgebung. Ihre Eltern, ihre Geschwister und ihre Freunde liebten sie. Sie wurde ermutigt, Neues auszuprobieren, wurde gelobt und unterstützt. Sie nahm die Überzeugung an: „Ich habe alles, was ich brauche und ich fühle mich sicher."

Die Struktur von Janes Gedankenform

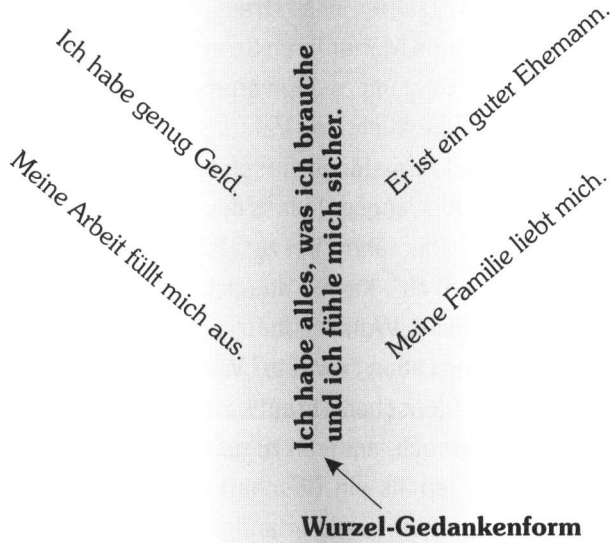

Wurzel-Gedankenform

Diese grundlegende Überzeugung hat jeden größeren Aspekt ihres Lebens positiv beeinflusst, um in Erfüllung zu gehen. Ihr ganzes Leben lang hat sie diese Überzeugung erfahren, wenn nicht gerade eine widersprüchliche Überzeugung im Wege stand. Als Erwachsene erlebte sie die Auswirkung dieser Überzeugung auf ihre Arbeit – eine Tätigkeit, die sie ausfüllte. Ihre Finanzen stellten stets ihre Bedürfnisse zufrieden. Ihre Beziehungen waren zufriedenstellend, dauerhaft und versorgten sie mit der Liebe, die sie brauchte. Diese starke Rückhalt gebende Überzeugung stattete sie mit einer äußerst hilfreichen „Wurzel" für ihre Lebenserfahrungen aus.

Ein begrenzendes Beispiel

Jim andererseits hatte nicht so viel Glück. Er stammte aus einer nicht geplanten Ehe. Sein Vater heiratete seine Mutter, weil er es für seine Pflicht hielt. Aber er nahm es Jim übel, dass er überhaupt auf der Welt war. Er kümmerte sich kaum um ihn, außer um ihn zu kritisieren oder streng zu bestrafen. Glücklicherweise liebte Jims Mutter ihren Sohn über alles und sorgte gut für ihn. Ihre Zuneigung zu Jim vergrößerte allerdings noch den Ärger seines eifersüchtigen Vaters.

Auf Grund dieser Umstände entschied Jim schon früh (d.h. er schuf sich die Überzeugung), dass das Unglück seiner Eltern seine Schuld war. Das führte ihn zu: „Ich bin für das Unglück anderer verantwortlich". Kannst du nachvollziehen, welch negativen Einfluss diese „Wurzel"-Überzeugung auf jeden größeren Bereich in Jims Leben bewirkte? Welche Last, sich für das Unglück anderer Menschen verantwortlich zu glauben – ein Leben lang der Versuch, anderen zu gefallen! Wie könnte Jim als Erwachsener jemals ein Geschäft tätigen oder um eine Gehaltserhöhung bitten, wenn er andauernd glauben musste, dass es dem anderen nicht passen würde? Kannst du dir vorstellen, wie Jim immer wieder seinem Partner gefallen wollte? Wie es für Jim wäre, wenn jemand in seiner Umgebung nicht glücklich wäre? Er hätte immer das Gefühl, es wäre seine Schuld. Ein Leben ohne emotionale Freiheit für Jim – den fortwährenden Beobachter seines Verhaltens. Genau das bewirkt nämlich eine begrenzende Überzeugung. Was Jim betrifft, erschien ihm sein eigenes Verhalten normal – die Begrenzung war für ihn transparent, er konnte sie nicht sehen.

Die Struktur von Jims Gedankenform

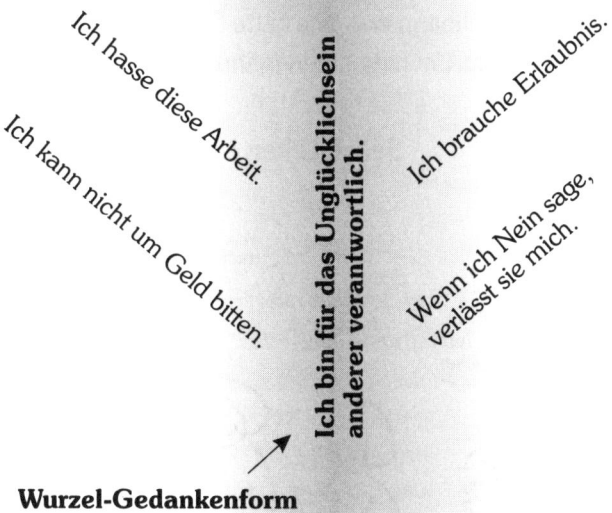

Ich hasse diese Arbeit.

Ich kann nicht um Geld bitten.

Ich bin für das Unglücklichsein anderer verantwortlich.

Ich brauche Erlaubnis.

Wenn ich Nein sage, verlässt sie mich.

Wurzel-Gedankenform

Erinnere dich noch einmal daran, dass die Schuld nicht bei Jims Vater liegt – Jim hatte sich entschieden, das anzunehmen, was sein Vater von ihm glaubte. Damals hatte es vielleicht noch einen Sinn. Ein stark begrenzender Faktor in der Rohfassung für die Bestimmung von Jims Lebenserfahrungen wurde von etwas verursacht, was zunächst wie eine einfache, harmlose Überzeugung aussah.

Die Zufälle des Lebens

Sobald sich eine Gedankenform festgesetzt hat, werden sich immer wieder Ereignisse einstellen, die für den Glaubenden Beweise liefern, dass seine Überzeugung wahr ist. Schauen wir uns zur Verdeutlichung ein weiteres Beispiel an:

Sallys Mutter musste überraschend zu einer Geschäftsbesprechung, und Sallys gewohnter Babysitter war nicht verfügbar. Nach mehreren Telefonaten erreichte Sallys Mutter endlich eine Nachbarin, welche versprach, sich um das Kind zu kümmern. Die Nachbarin war eine nette Dame, hatte allerdings keine Erfahrung im Umgang mit vierjährigen Kindern.

Sallys Leben

4 Jahre	6 Jahre	16 Jahre	30 Jahre	40 Jahre
Wurzel-Ereignis	Schlechte Augen	Schlechte Noten	Verpasste Beförderungen	Scheidung

Sally spürte ihre Unsicherheit. Sie fühlte sich bei der neuen Babysitterin überhaupt nicht wohl und fing an zu weinen. Um sie abzulenken, fing die Babysitterin an, Grimassen zu schneiden. Das wiederum verstärkte Sallys Angst, und sie weinte noch stärker. Frustriert hob die Babysitterin Sally hoch, brachte sie in ihr Zimmer und warf sie aufs Bett. Und während sie die Tür hinter sich zuwarf, schrie sie laut: „Du bist das schlimmste Kind, das mir je untergekommen ist". In diesem Augenblick der Verletzbarkeit entschied Sally: „Irgendetwas stimmt mit mir nicht".

Als Sally älter wurde, erzeugten bestimmte Ereignisse ähnliche Gedankenformen, um die Vorhaben der Kernüberzeugung „Irgendetwas stimmt mit mir nicht" zu erfüllen. Diese ähnlichen Gedankenformen banden sich an die Wurzel-Gedankenform wie

Die Struktur von Sallys Gedankenform

Mein Chef hat mich noch nie gemocht.
(Karriere)

Ich konnte ihn eben nicht glücklich machen.
(Beziehungen)

Irgendetwas stimmt mit mir nicht.

Ich schaffe es nicht aufs College.
(Ausbildung)

Ich kann das, was an der Tafel steht, nicht lesen.
(Gesundheit)

Wurzel-Gedankenform

die Äste an die schon erwähnte Weinrebe. Alle Aspekte ihres Lebens wurden von dieser grundlegenden Kernüberzeugung beeinflusst. Sally hatte davon, ganz nebenbei bemerkt, keine Ahnung.

Die Abbildung auf Seite 37 zeigt einige Beispiele lebensnaher Situationen, die der frühen Überzeugung „Irgendetwas stimmt mit mir nicht" entstammen könnten. Die späteren Überzeugungen über schlechte Augen mit sechs Jahren, die Schwierigkeiten in der Schule mit sechzehn, die Probleme bei der Arbeit mit dreißig und die Beziehungsprobleme mit vierzig könnten sich alle aus der begrenzenden Überzeugung „Irgendetwas stimmt mit mir nicht" entwickelt haben. Natürlich hätten die gleichen Situationen auch aus anderen Quellen stammen können. Wenn du einen dieser Umstände untersuchst, muss es sich nicht unbedingt um die gleiche Überzeugung handeln. Betreibe ein paar Forschungen: Siehst du ein wiederholtes Erfahrungsmuster bei Menschen deiner nächsten Umgebung? Was ist mit dir selbst? Treten gewisse Erfahrungen immer wieder auf? Was für eine Überzeugung könnte hinter diesen Situationen stecken?

Selbstsabotage

Oft erleben Menschen unerklärliche Verhaltensweisen, die manche als Selbstsabotage bezeichnen würden. Es ist, als säße im Unterbewusstsein ein kleines, mutwilliges Teufelchen. Ab und zu heckt es etwas Merkwürdiges aus – meistens zu einem unpassenden Zeitpunkt – und man scheint es nicht im Griff zu haben. Zumindest macht es diesen Eindruck. Da ist zum Beispiel an unpassender Stelle jener Kommentar einer wichtigen Besprechung, der alle erhofften Chancen zunichte macht. Man verlässt die Besprechung und fragt sich: „Warum um alles in der Welt habe ich das nur gesagt?"

Vielleicht gibt es das kleine Teufelchen gar nicht. Erwäge die Existenz einer begrenzenden Gedankenform, für die du ganz und gar verantwortlich – derer du dir jedoch nicht bewusst bist. Was meinst du, passiert jemandem, der glaubt „Ich bin nicht gut bei Vorstellungsgesprächen?" Eine solche Person würde wahrscheinlich zum schlechtesten Zeitpunkt irgendetwas Unbeabsichtigtes sagen. Man könnte es Selbstsabotage nennen, aber wahrscheinlich ist einfach eine begrenzende Überzeugung am Werk.

Das hört sich spitzfindig an, aber wird dir klar, was für einen entscheidenden Einfluss diese begrenzenden Überzeugungen auf dein Dasein haben? Hier noch ein weiteres Beispiel aus dem Leben.

Vor einem Jahr ungefähr arbeitete ich mit einem Klienten – nennen wir ihn mal Pete – der landesweit nach Arbeit suchte. Wir verbrachten viele Stunden miteinander, meistens hörte ich einfach zu und beobachtete seinen Frust. Pete fiel es schwer zu entscheiden, was er wirklich wollte. Es schien, als wäre er jeden Tag von etwas anderem begeistert und tendierte in eine andere Richtung. Ich hatte Pete mein Konzept vom System der Überzeugungen vorgestellt und er verfügte durchaus über ein intellektuelles Verständnis für das, was ich meinte. Bis jetzt hatte er aber noch kein größeres „Aha-Erlebnis" gehabt. Als Pete und ich begannen, enger miteinander zu arbeiten, fing ich an, mir Notizen von den ihn am häufigsten begrenzenden Überzeugungen zu machen. Die Überzeugungen, die ich sehr oft hörte, waren:

„Alles hat seinen Preis."

„Man kann nicht alles haben."

„Nichts ist das, wofür man es hält."

Pete und ich sprachen über diese häufig geäußerten Überzeugungen und es war klar, dass er es trotz seines intellektuellen Verstehens der Idee „Überzeugungen bestimmen Erfahrungen", noch nicht verinnerlicht hatte. Es war ihm völlig unklar, dass diese Überzeugungen in ihm am Werk waren. Er hatte sich so an seine Vorgehensweise gewöhnt, dass sie für ihn transparent geworden waren.

Als wir später einmal offen über diese begrenzenden Überzeugungen sprachen, konnte er damit auch in Kontakt kommen. Er war mit ihnen aufgewachsen – es waren die gleichen, die sein Vater gehabt hatte.

Kannst du nachvollziehen, welche Entscheidungsschwierigkeiten jemand angesichts dieser Überzeugungen hat? Er setzte sich selbst unter Druck. Es gab nur eine einzige richtige Entscheidung für ihn, er musste die richtige Wahl treffen oder er würde nur draufzahlen.

Ein paar Tage später kam Pete in meine Praxis, um mir zu erzählen, dass er seiner Grundstücksmaklerin von dieser neuen Erkenntnis erzählt hatte. Er hatte ihr seine Überzeugung „Nichts ist das, wofür man es hält" offenbart, und sie hatte ihm zugestimmt und erwidert, dass alle ihre Kunden „verborgene Programme" hätten. Ohne Zögern erklärte mir Pete: "...und sie ist seit zehn Jahren Maklerin!"

Pete suchte immer noch nach Beweisen für die Wahrheit seiner Überzeugung – für alle.

Nachdem ich ihm klargemacht hatte, dass seine Bekannte wohl nur Kunden anzog, die ihre Überzeugung bestätigten, begann er meinen Standpunkt zu begreifen. Er wurde bewusster und konnte beginnen, die Überzeugungen auszusortieren, die ihm im Wege standen.

Aufmerksamkeit

Auf was du deine Aufmerksamkeit richtest, verstärkt oder erweitert sich in deinem Leben. Wissenschaftler entdecken immer mehr Beweise, dass wir Menschen keine unabhängigen Beobachter eines mechanischen Universums sind. Unsere Aufmerksamkeit, gestützt von unseren Überzeugungsabsichten, erschafft, was wir dann als unser Leben erfahren. Wissenschaftlich ausgedrückt könnte man sagen, dass wir den Fokus unserer Aufmerksamkeit auf das Energiefeld des Bewusstseins richten, das die Wellen aller Möglichkeiten enthält und dadurch die Partikel (Ereignisse und Manifestationen) zutage bringt, die wir als unsere Realität erfahren.

Das ist ein äußerst wichtiges Konzept. Ich wiederhole es noch mal: Auf was auch immer du deine Aufmerksamkeit richtest, das verstärkt oder erweitert sich in deinem Leben. Allein dieser Gedanke kann einen entscheidenden Unterschied für dich bewirken.

Erinnere dich an das letzte Mal, als du erwogen hattest, ein neues Auto zu kaufen. Du hast deine Aufmerksamkeit darauf gerichtet, und was passierte? Ganz plötzlich hast du unterschiedliche Fahrzeugtypen, Modelle und Farben bemerkt. Dir sind „Zu verkaufen"- Schilder und Anzeigen in der Zeitung aufgefallen, und andere Menschen haben dir von einem Freund erzählt, der sein Auto verkaufen wolle. Deine Aufmerksamkeit hat diese Dinge auf Grund deines Fokussierens in dein Gewahrsein gebracht. In dem Moment, als du dein neues Auto gekauft hattest, verlagerte sich deine Aufmerksamkeit. Zwar standen die gleichen Informationen über Autos zur Verfügung, aber sie wurden nicht länger in dein Gewahrsein gezogen. Deine Aufmerksamkeit war auf etwas anderes gerichtet.

**Worauf du deinen Fokus richtest,
das erweitert sich in deinem Leben.**

Stelle dir einen Grubenarbeiter mit einer Leuchte am Helm vor, mit der er genau vor sich schauen kann. Jetzt stelle dir dich selbst mit einem ähnlichen Licht vor, das von deiner Stirn scheint. Stelle es dir als Strahl deiner Aufmerksamkeit vor. Wie oft bist du dir bewusst, auf was er gerichtet ist?

Es ist wichtig, deine Aufmerksamkeit effektiv zu lenken. Anders ausgedrückt: Vergeude nicht deine kreative Energie. Ohne bewussten Fokus verteilst du deine Aufmerksamkeit nur zufällig und erzielst keinen wirklichen Nutzen für dich. Richte deine Aufmerksamkeit auf etwas Positives, und es werden positive Ereignisse eintreten.

Das ist der wahre Grund für Zielsetzungen. Der mentale Fokus unterstützt dich beim Erreichen deiner Ziele. Dein Konzentrieren stärkt tatsächlich die Gedankenform, die du als dein Ziel definiert hast. Schade, dass sich viele von uns am Erreichen/ Nichterreichen von Zielen orientiert haben. Um nicht zu versagen, setzen wir uns keine Ziele mehr. Das Konzept des Erreichens/ Nichterreichens von Zielen ist eine Überzeugung – eine sehr starke und weit verbreitete.

Wenn du etwas in deinem Leben wirklich möchtest, dann halte einfach deine Aufmerksamkeit auf dieses Ziel gerichtet. Wenn Hindernisse auftauchen, die dir anscheinend den Weg versperren – und so etwas wird passieren – dann richte keine Aufmerksamkeit auf sie. Befasse dich mit ihnen, aber lasse die Aufmerksamkeit auf deinem Ziel. Wenn du dich nur auf Hindernisse konzentrierst, neigst du zum Aufgeben. Denke über das nach, was wir schon besprochen haben. Was passiert, wenn du deine Aufmerksamkeit auf Hindernisse richtest? Genau – deine Konzentration stärkt genau die Gedankenform, die sich auf das Hindernis bezieht. Bleib also auf das Ziel gerichtet.

Vielleicht hast du ein Ziel, von dem du glaubst, dass du es nur mit einer bestimmten Geldsumme erreichen kannst. Statt nun deine Aufmerksamkeit auf das Ziel zu richten, richtest du sie auf die Tatsache, dass du nicht genug Geld hast. Verstärkt wird die Gedankenform, „Du hast nicht genug Geld". Vielleicht ist es ja möglich, das Ziel ohne Geld zu erreichen. Indem du die Aufmerksamkeit nicht auf das Ziel richtest, schränkst du das Eintreten von Möglichkeiten ein, die dir nicht bewusst sind.

Victoria Heasley, eine Physiotherapeutin, bringt mich immer wieder zum Staunen, wie sie das bekommt, was sie gerade braucht. Sie ist der Typ Mensch, der sich sagt: „Ich könnte noch ein Sofa gebrauchen" – und innerhalb von ein paar Tagen erhält sie den Anruf von einem Freund, der aus der Stadt wegzieht und sie fragt, ob sie jemanden kennt, der ein gutes Sofa braucht. Wenn sie sich über das Geld für den Kauf eines Sofas Gedanken machen würde, dann würde sie diese Chancen verpassen. Bleibe also auf dein Ziel gerichtet!

Erinnere dich an die Geschichte von der kleinen Dampflok, die fest daran glaubte, dass sie es den Berg hinauf schaffen würde. Sie war wirklich auf ihr Ziel ausgerichtet. Meinst du, sie hätte es geschafft, wenn sie sich gesagt hätte: „Ich werde es nie schaffen. Mir tut alles weh. Ich werde es nie schaffen. Mir tut alles weh."

Bleibe auf dein Ziel ausgerichtet.

Zu wissen, worauf deine Aufmerksamkeit gerichtet ist, ist ebenfalls wichtig, weil du physisch erfährst, worauf deine Aufmerksamkeit gerichtet ist. Wahrscheinlich bist du jedes Mal auf begrenzende oder negative Gedanken fokussiert, wenn du un-

angenehme Erlebnisse hast. Wenn du also dein Befinden ändern möchtest, verschiebe deine Aufmerksamkeit auf etwas
anderes, irgendetwas – eine angenehme Erinnerung, eine andere Sache. Oder werde am besten zum Betrachter deiner Gedanken und beobachte, wie sie vorüberziehen. Das kann ziemlich entspannend sein und kommt dem Meditieren sehr nahe.
Indem du beobachtest, worauf du deine Aufmerksamkeit richtest, bekommst du einen Einblick, warum du erlebst, was du
erlebst.

Beachte deine Emotionen beim Lesen dieses Buches. Ent-
deckst du unangenehme, dann versuche herauszufinden, welche deiner Überzeugungen durch das eben Gelesene in Frage
gestellt wird. Angst, Sorge und Zweifel sind wahrscheinlich die
drei stärksten Gedankenformen auf diesem Planeten. Sie be-
rauben dich all deiner Wünsche. Wenn du jedoch mit den begrenzenden Überzeugungen hinter diesen Übeltätern in Berührung kommen und sie loswerden kannst, wirst du ein neuer
Mensch sein.

Woran du glaubst, das bekommst du

Eigenverantwortung

Die Tatsache, dass jeder seine Lebenserfahrungen selbst erschafft, bedeutet für die meisten Menschen ein böses Erwa-
chen. Vielleicht bezweifelst du gerade jetzt jedes einzelne
Wort von mir. Das wäre in Ordnung. Ich bitte dich nur darum,
in Erwägung zu ziehen, was ich sage. Denke darüber etwas
nach. Sei offen für die Möglichkeit, dass es wert ist, erforscht
zu werden.

Die gute Nachricht ist, dass du mit der Erkenntnis (und
etwas eingestreuter Vergebung), dein Leben selbst zu erschaffen, nunmehr beginnen kannst, Verantwortung als Designer
deines Lebens zu übernehmen – und nicht mehr Opfer zufälli-
ger Lebensumstände zu sein. Du wirst eigenverantwortlich!

Mit dem Wissen, dass du für deine Erfahrungen verantwortlich bist (und es immer schon warst), kannst du die Erfahrungen erschaffen, die du haben möchtest, statt das Leben durch
Versäumnisse zu erfahren. Eine ganze Menge persönlicher
Macht steht dir zur Verfügung, mehr als du dir je vorstellen
konntest. Mit persönlicher Macht meine ich nicht jene Art
Macht, die du über andere ausübst. Ich meine eine innere
Macht, die Macht des Selbstbewusstseins und Selbstvertrau-
ens. Mit dieser Art Macht wirst du kein Bedürfnis mehr verspü-
ren, Macht über etwas oder jemanden auszuüben.

Manchmal denke ich über meine frühen Jahre als junger
Manager in der Wirtschaft nach. Ein paar ältere Führungskräf-
te schienen Macht zu benötigen – das waren „Macht über andere" – Typen. Ich hatte den Eindruck, sie vergeudeten viel Zeit
und Begabung (ihre eigene) in unseren Besprechungen, indem

sie unser Management-Team einschüchterten. Sie konnten uns richtig gut Angst einjagen und Gefühle der Unfähigkeit erzeugen. Es ist eine Schande, dass einige von ihnen nicht die persönliche Macht besaßen, sich mehr wie ein guter Coach zu verhalten. Ich bin sicher, dass die Firma, meine Kollegen und somit auch ich besser dran gewesen wären.

Es ist interessant, die Situation im Rückblick aus einer neuen Perspektive zu betrachten. Es tut gut zu wissen, dass ihre Überzeugungen ihre Erfahrungen erschufen und meine Überzeugungen meine Erfahrungen verursacht haben. Das macht von allen Schuldzuweisungen frei. Was für Erfahrungen könnte ein junger Manager mit der unbewussten Überzeugung „Ich bin an allem Schuld" sonst anziehen? Immer wieder brachte ich mich in Situationen, in denen ich mich verteidigen und Beweise erbringen musste, dass es nicht an mir gelegen hatte. Nicht gerade eine angenehme Situation, aber so funktionieren begrenzende Überzeugungen. Ich bin wirklich froh, dass sich diese Überzeugung aufgelöst hat. Wenn du erfährst, wie kraftbringend es sein kann, deine Überzeugungen zu ändern, wird dein Verlangen, mehr darüber zu wissen, immer dringender.

Der Spiegel

Schauen wir uns das Konzept genauer an, wonach deine Überzeugungen deine Erfahrungen bestimmen, werden wir sehen, dass deine Erfahrungen (äußere Ereignisse) von deinen Überzeugungen (innere Ereignisse) bestimmt werden. Du kannst auf diese Weise die äußeren Ereignisse nutzen, um festzustellen, was du wirklich glaubst. Dies wird oft mit dem Ausdruck „spiegeln" bezeichnet.

Das Universum, das du erfährst, spiegelt dir dein eigenes Überzeugungssystem wider. Wenn du also deine Erfahrungen ändern möchtest, musst du deine Überzeugungen ändern. Deine Lebenserfahrungen sind gute Lehrer, aber solange dir nicht klar ist, dass du dich in der Schule befindest, verpasst du womöglich den gesamten Kurs. Natürlich wird er nochmals angeboten, aber du weißt ja, was mit den Unterrichtsgebühren jährlich passiert!

Während du die Gedanken in diesem Buch durcharbeitest, wäre es hilfreich, eine Liste aller Situationen, Umstände oder Menschen, die bei dir unangenehme Gefühle hervorrufen, zu erstellen – gerade so, wie sie dir einfallen.

Diese Aufzeichnungen werden für dich ein Ausgangspunkt sein, wenn du später erforschst, was der Spiegel für dich auf Lager hat. Denke auch mal an jemanden, den du gut kennst und notiere, was diese Person wohl für Überzeugungen hat, wenn sie bestimmte Erfahrungen macht. Und was ist mit dir? Gibt es in deinem Leben einige Erfahrungen, die du lieber nicht gemacht hättest? Welche Überzeugungen hältst du wohl fest, die diese Erfahrungen schufen?

Das Universum spiegelt deine Überzeugungen.

Meistens haben Reflexionen unangenehmer Art, die dir zurückgespiegelt werden, (deine Wahrnehmungen) mit Überzeugungen zu tun, die du von dir selbst hast. Geringes Selbstbewusstsein ist ein Hauptgrund für die Unzufriedenheit vieler Menschen mit ihrem Dasein. Bestimmte Unzulänglichkeiten und begrenzende Überzeugungen (von denen viele transparent sind) erleben wir, indem wir in anderen das entdecken, was wir bei uns selbst nicht sehen oder akzeptieren wollen. Wenn du das nächste Mal jemanden kritisierst, denke daran und überlege, ob es sich nicht um einen Charakterzug von dir handelt, den du nicht magst oder nicht akzeptiert hast.

Wenn du über das Verhalten eines anderen urteilst – verbal oder mental – und dabei eine Emotion im Spiele ist, dann hast du dich „festgefahren". Eine solche Emotion ist ein guter Hinweis dafür, dass du eine Chance zur Selbstentdeckung und möglichen Heilung zum fraglichen Thema hast. Wenn du dagegen das Verhalten anderer nur beobachtest und ohne eine emotionale Reaktion wahrnimmst, bist du auf der richtigen Seite.

Sei nicht beunruhigt, wenn du bemerkst, dass du urteilst. Dieses Verhalten zu ändern könnte eine Zeitlang dauern, wenn du dich dafür entscheidest. Jedes solcher Urteile hängt an einer Überzeugung. Es mag eine Weile dauern, bis du sie alle aufgespürt hast. Sei nett zu dir, wenn du das tust. Sich selbst dafür zu verurteilen, dass man über andere urteilt, macht es nur komplizierter.

Ich erinnere mich, in meiner Kindheit oft meinen Großvater und meinen Vater über andere Menschen kritisierend und sehr streng urteilend erlebt zu haben – über solche, die anders als sie waren. Menschen einer anderen Rasse oder Arme wurden für „angeboren faul" gehalten, und die „fetten Reichen" waren „Gauner". Ich dachte nicht, dass diese Überzeugungen abgefärbt hätten; in meiner Schule gab es nur einen Schwarzen, und den mochte ich sehr gern. Er war immer guter Laune und machte seine Späße mit uns. Später im Leben hatte ich weitere Freunde, die anders als ich waren.

Nie hätte ich gedacht, Schwierigkeiten mit dem Thema „Rasse" zu haben, bis ich mich Hals über Kopf in die Frau meiner Träume verliebte. Nach ein paar Verabredungen erzählte sie mir, dass sie vor mir eine Beziehung mit einem Farbigem gehabt hatte. Ich war sprachlos. Mein Vorurteil stand mir auf einmal klar vor Augen, es war nicht mehr transparent. Ich hatte eine lange Liste mit bewertenden Überzeugungen von weißen Frauen, die sich mit Farbigen einlassen. Entweder musste ich jetzt die Beziehung beenden, um zu beweisen, dass ich Recht hatte oder mir meine begrenzenden Überzeugungen genauer anschauen. Und die passten überhaupt nicht zu denen, die ich über meine neue Freundin hatte. Dieser mentale Konflikt lähmte mich völlig.

Glücklicherweise hatte meine Freundin Verständnis. Ich konnte mit meinen begrenzenden Überzeugungen Verbindung aufnehmen und sie loslassen. Ein paar Monate dauerte diese „Ausgrabungsarbeit" und das Loslassen – ganz zu schweigen von den männlichen Unsicherheitsgefühlen, die dabei hochkamen.

Beurteilungen hängen an Überzeugungen.

Es hat immer einen Grund, wenn etwas passiert. Ein paar Jahre später stellte uns unsere jüngste Tochter bei einem Elternwochenende im College ihren neuen Freund vor. Du ahnst es schon – er war ein Farbiger. Ich war froh, dass es mir gar nichts ausmachte. Er war ein netter junger Mann. Es tat gut, dieses Thema hinter mir gelassen zu haben.

Mit jedem Mal, wo man eine begrenzende Überzeugung loslässt, wird das Leben ruhiger. Das mentale Geplapper wird weniger. Dein mentales Festlegen (Wahrnehmung) äußerer Einflüsse erschafft deine Erfahrung von ihnen. Wenn dir etwas, das du erfährst, nicht passt, kannst du immer noch deine Einschätzung der Ereignisse ändern.

Positive Einstellung

Mit deinem neuen Verständnis für energetische Schwingungen, Gedankenformen und dem Zentrieren deiner Aufmerksamkeit solltest du erkennen können, warum es so wichtig ist, eine positive Einstellung – positive Überzeugungen – zu haben. Positive Überzeugungen erschaffen positive Gedankenformen, die in deinem Leben folgerichtig positive Ereignisse und Umstände anziehen.

Ich dachte immer, eine positive Einstellung wäre etwas, das jeder haben sollte, um besser akzeptiert zu werden. Das stimmt wohl, aber die größte Wirkung einer positiven Einstellung hat mit deinem Zustand des Seins – deinem Schwingungszustand – zu tun und dem, was er für dich anzieht.

Menschen, die nur vorgeben, eine positive Einstellung zu haben, mögen vielleicht beliebter sein, aber sie werden nach wie vor das anziehen, was ihren Schwingungen entspricht – die Energie, die sie abgeben, wird ihre Umstände anziehen. So ist die Botschaft klar: Mit deiner neuen Einsicht in die Grundlagen der Gedanken wirst du dich sofort auf Positives konzentrieren wollen. Nimm als gegeben an, dass alles, was in deinem Leben passiert, aus einem guten Grund geschieht. Das wird dich in eine gute Startposition bringen.

1978 während einer Geschäftsreise nach Chicago war ich drei Tage lang auf dem O'Hare International Airport eingeschneit. Der Schnee lag ein paar Fuß hoch und alles stand still. Am zweiten Tag gab es im Restaurant nichts mehr zu essen, und gestrandete Mütter waren durch schreiende Kinder überfordert. Die Leute hatten das Ganze satt, hauptsächlich weil sie nicht wussten, wann es vorbei sein würde.

Das Ausmaß der Verhaltensweisen, die diese Situation in den Menschen weckte, war bemerkenswert. Ich konnte das Beste und das Hässlichste beobachten. Ein paar Reisende waren geradezu gemein, gierig und dachten nur an sich selbst. Ich fragte mich, was sie wohl von ihrer persönlichen Situation hielten, um so fürchterliche Erfahrungen zu machen. Andererseits unternahmen die meisten große Anstrengungen, um anderen, besonders solchen mit kleinen Kindern, zu helfen.

Die Erfahrung der Leute in dieser Situation stand in direktem Zusammenhang mit dem, was sie glaubten. Wenn du das nächste Mal in einer Stresssituation steckst, dann schau dich um und überlege, welche Überzeugungen andere wohl haben, um die Erfahrungen zu machen, die sie machen. Genauso aufschlussreich ist es auch, deine eigenen Erfahrungen mit einzubeziehen. Welche Überzeugungen erschaffen wohl deine Erfahrungen?

Alles geschieht zum Besten.

Von meiner Freundin Maureen habe ich viel über positive Einstellung gelernt. Sie ist in erster Linie dafür verantwortlich, dass ich zu glauben anfing, alles geschehe aus einem guten Grund. Ihr Motto lautet: „Alles geschieht zum Besten". Ursprünglich übernahm ich diese Einstellung nur, weil ich ebenfalls daran glaubte. Als ich jedoch mehr über Gedankenformen und energetische Anziehung lernte, konnte ich die Gültigkeit dessen erkennen. Sie hält dich immer in einem positiven Gedankenfeld, gleich was passiert. Du kannst also immer weiter positive Energie abgeben und positive Umstände anziehen. Hier eine weitere wahre Geschichte:

Jahrelang hatte ich das Glück, keinen platten Reifen oder sonst eine Panne auf der Autobahn zu haben. Unannehmlichkeiten dieser Art passierten nur, wenn sie einfach zu bereinigen waren. Das änderte sich jedoch vor sechs Monaten. Auf dem Weg vom Büro nach Hause versagte die Kupplung, als ich an einer Ampel Gas geben wollte. Zum Glück war niemand hinter mir. Mein erster Gedanke war: „Wofür das wohl gut sein wird?"

Nachdem ich das Auto an den Straßenrand geschoben hatte, ging ich auf die andere Straßenseite und rief meinen Automobilclub an. Innerhalb von dreißig Minuten war mein Auto auf den Abschleppwagen geladen und wir unterwegs. Der Fahrer setzte mich zu Hause ab und brachte meinen Wagen in die Werkstatt. Ich war erstaunt, wie geschmiert alles lief.

Am nächsten Tag rief Dusty, mein Mechaniker, an und meldete, dass sich eine Klammer am Kupplungszug gelöst hatte – nur ein kleines Problem. Er wollte wissen, ob ich den Wagen immer noch verkaufen wollte. Ich bejahte. Er erzählte mir dann, dass, als mein Wagen in der Werkstatt stand, ein Mann hereinkam und ihn fragte, wo man einen guten gebrauchten Porsche kaufen könne. Diesem Mann gefiel mein Wagen und Dusty hoffte, dass es in Ordnung war, ihm meine Nummer gegeben zu haben. Eine Woche später hatte ich dem Mann meinen Wagen verkauft. War meine Kupplung aus einem guten

Grund ausgefallen? Wahrscheinlich kommt es darauf an, was man glaubt.

Wenn wir von Einstellung reden, wie würdest du deine Einstellung zu dir selbst beschreiben? Ist sie positiv? Ja, ich weiß schon, du kannst eine lange Liste aufzählen, was du alles für falsch an dir hältst – dein Körper ist nicht perfekt (nach wessen Standard eigentlich?), du hast ein paar fürchterliche Sachen getan (wer behauptet das?), du bist das, du bist jenes. Gut, dann stelle also diese Liste auf und akzeptiere dich einfach voller Liebe, ohne ein Beurteilen. Akzeptieren heißt nichts anderes als akzeptieren – ohne Urteil. „So sehe ich mich. Ich akzeptiere mich. Es ist in Ordnung, ich zu sein." Sage es laut: „Es ist in Ordnung, ich zu sein". Gut, noch mal: „Es ist in Ordnung, ich zu sein".

Ich bin dick.
Ich bin nicht besonders klug.
Ich schließe schwer Freundschaften.
Ich bin schüchtern.
Ich rauche zuviel.
Ich verbringe zu wenig Zeit mit meinen Kindern.

Beachte bitte, dass die Liste von Urteilen über dich (geschrieben oder gedacht) nur eine Liste von Überzeugungen ist. Nicht mehr und nicht weniger. Alle können geändert werden. Erinnere dich – Überzeugungen bestimmen Erfahrungen. Du erfährst „dich" so, wie du dich definiert hast. Was du von dir glaubst, muss das sein, was du erfährst; sonst würdest du es nicht glauben. Jawohl – genau wie Umstände und Ereignisse stammen auch dein Selbstkonzept und deine eigenen Überzeugungen einzig von dir.

1981 besaß ich alles, wonach sich viele sehnen – eine gute Arbeit, ein großes Haus, eine attraktive Frau und drei junge Töchter, die ich anbetete. Aber auf einer sehr tiefen Ebene wollte ein Teil von mir frei sein und ich brach aus meiner siebzehnjährigen Ehe aus. Meine Schuldgefühle, das Leben von vier geliebten Menschen zerstört zu haben, belasteten meine Selbstachtung schwer.

In den folgenden sechs Jahren spiegelte mir das Universum meine tiefe (transparente) Überzeugung, dass ich etwas sehr Schlechtes getan hatte und verdiente, dafür bestraft zu werden. Meine zweite Ehe und mehrere Tätigkeiten in Führungspositionen endeten mit Enttäuschungen. Natürlich hatte ich zu diesem Zeitpunkt keine Ahnung, dass meine Überzeugungen meine Erfahrungen schufen.

Auszügen eines Aufsatzes, den meine Tochter Ellen als Bewerbung für das College schrieb, verdanke ich schließlich eine neue Perspektive für die Situation:

> „Meine Eltern ließen sich in dem Jahre scheiden, als ich 13 wurde. Damals dachte ich, das wäre die größte Tragödie, die sich je ereignen könnte. Aber vier Jahre später hat sie mich trotz aller Traurigkeit und Verwirrung mit wunderbaren Möglichkeiten und Erfahrungen ausgestattet.
>
> Auf Reisen zu meinem Vater nach unterschiedlichen Orten war ich auch für

meine jüngere Schwester verantwortlich. Wir haben dadurch eine sehr enge Beziehung zueinander bekommen, weil wir uns auf einander verlassen müssen.

Aufgrund der Scheidung meiner Eltern musste ich früher selbständig werden als ich es ansonsten hätte werden müssen. Ich glaube, die Tatsache, dass ich lernen musste, vieles alleine zu machen anstatt mich auf andere zu verlassen, hat mir in meinem Leben und in der Schule geholfen."

Ellen Doyle, März 1987

Diese positive Sichtweise erlaubte mir, meine Überzeugung, das Leben meiner Töchter schwer geschädigt zu haben, genauer zu untersuchen. Mir wurde klar, dass ich mir meine Schuldgefühle selbst erzeugt hatte. Ich musste die Situation in einem neuen Licht betrachten. Inzwischen, dreizehn Jahre später, haben alle drei Mädchen das College abgeschlossen und jede schafft sich ihr erfolgreiches Leben.

Dich selbst so zu akzeptieren wie du bist ist der erste Schritt, deine begrenzenden Überzeugungen über dich zu erforschen. Akzeptanz lässt den Widerstand zerrinnen, dich so zu erfahren wie du bist, und hilft deine Energie positiv zu erhalten. Außerdem wird eine Menge verschwendeter Energie frei, die genutzt werden kann, um Zugang zu Überzeugungen zu finden, die du ändern möchtest. Beachte, dass ich gesagt habe: „die du ändern möchtest". Du darfst glauben, was du willst. Ändere einfach das, was du ändern willst. Schließlich sind es deine Erfahrungen.

Erfahrungen machen

Ich benutze oft die Begriffe „Erfahrung" und „erfahren". Was bedeutet dieses „Erfahren" eigentlich? Erfahren so wie ich es meine bedeutet ganz einfach, mit deinen Gefühlen in Kontakt zu sein. Das ist der einzige Weg, alles zu erfahren – du musst es fühlen! Das hört sich ziemlich einfach an, aber in Wirklichkeit lassen viele von uns keine Gefühle zu – und als Folge davon erfahren wir das Leben nicht voll und ganz.

Bist du schon einmal auf der Autobahn gefahren und hast plötzlich bemerkt, dass du die letzten 20 Meilen zurückgelegt hast, ohne dass es dir bewusst war? Warum? Weil deine Aufmerksamkeit woanders war. Dir sind deine Gefühle entgangen – die wunderschöne Landschaft, die Sonnenstrahlen auf den Herbstblättern, die zwei äsenden Rehe hinter dem weißen Zaun.

Es ist schon ein Unterschied zwischen der Erfahrung eines halbstündigen Transports und dem vollen Erfahren während einer Fahrt vom Büro nach Hause.

Es war in einer Hakomi-Therapie-Sitzung vor einigen Jahren, dass ich schließlich den Unterschied begriff. Der Schwerpunkt der Hakomi-Therapie liegt darauf, den Patienten mit dem in Berührung zu bringen, was er gerade über eine vergangene Situation fühlt, statt darüber nachzudenken (zu reden). Man benutzt den Begriff „bewusst sein", um das Konzept zu beschreiben.

Um etwas wirklich zu erfahren, musst du „bewusst sein" – du musst deine Aufmerksamkeit auf das richten, was du fühlst. Wenn du das nächste Mal im Auto sitzt, achte darauf, ob du die Fahrt auch anders erfahren kannst.

Hast du schon einmal jemanden „ausgeblendet", weil du nicht erfahren (fühlen) wolltest, wie es ist, mit ihm zusammen zu sein oder ihm zuzuhören? Pass auf, dass du nicht zu viel von deinem Leben ausblendest!

Ab und zu versuchen wir alle anderen klarzumachen, wie wir uns fühlen. Worte wie „Liebe", „glücklich", „voller Freude" und „aufgeregt" sind verbale Symbole, um unterschiedliche Arten eines guten Gefühls auszudrücken. „Gelangweilt", „Hass", „Sorge" und „verrückt" sind Symbole für schlechte Gefühle. Was du erfährst, fühlt sich entweder gut oder schlecht an. Egal was man tut, wir alle streben danach, herauszufinden, wodurch wir uns gut fühlen. Und der einzige Zeitpunkt, um überhaupt irgendetwas zu fühlen (erfahren), ist der gegenwärtige Moment – genau jetzt. Hoppla – dieses „Jetzt" ist schon wieder weg – weg für immer.

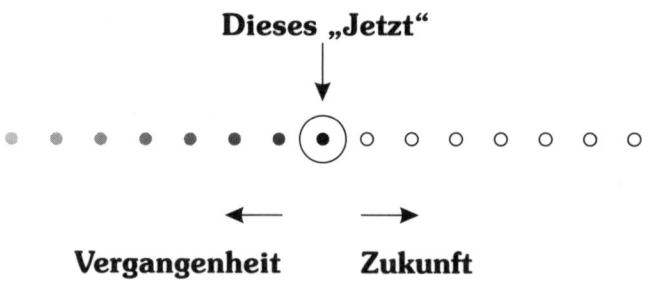

Die Zeitlinie für das Leben ist in Wirklichkeit eine unendliche Linie kurzer Perioden des „Jetzt" – dem gegenwärtigen Augenblick. Jetzt-Perioden, die bereits vorüber sind, bezeichnen wir als Geschichte oder Vergangenheit. Sie können wir nicht mehr erfahren. Genau! Wir können sie nicht mehr erfahren.

„Aber", wirst du sagen, „ich erfahre eine Menge Leid durch Dinge, die in der Vergangenheit passiert sind". Das mag zwar sein, aber du erfährst nicht die Vergangenheit – du erfährst nur deine Überzeugungen über die Vergangenheit, und dies ist eine weitere subtile, grundlegende Unterscheidung. Das Gleiche gilt für die Zukunft. Deine Geschichte oder deine Überzeugungen – im Allgemeinen wohl Sorgen – verursachen dieses unangenehme „Jetzt". Ist es nicht erstaunlich, wie leicht du jedem erfolgreichen Genießen des Lebens im „Jetzt" aus dem Wege gehst?

Die Wichtigkeit, ständig bewusst im gegenwärtigen „Jetzt" zu leben, hat auch viel damit zu tun, deine Erfahrungen aus der Vergangenheit in das Zukunfts - „Jetzt" zu bringen. Wenn du in diesem „Jetzt" positiv eingestellt bist, dich frei auf deine Zukunftswünsche konzentrierst und keine begrenzenden Überzeugungen hinsichtlich der Fähigkeit Wünsche zu erschaffen mit dir herumschleppst, kannst du dich darauf verlassen, dass sich die Wünsche für dich manifestieren. Unglücklicherweise zweifeln viele von uns an unseren Fähigkeiten – zwar sind das nur Überzeugungen, aber sie haben einen Storno-Effekt auf unsere Fähigkeit, die Zukunft zu erschaffen. Wie ich schon sagte, sind für die meisten von uns Angst, Sorge und Zweifel die stärksten begrenzenden Bedingungen.

Mary Burmeister, die Gründerin von Jin Shin Jyutsu Inc., sagt dazu: „Sorge ist ein Beten um das, was du nicht willst" und „Angst ist: Falsche Beweise, die als Wahrheit erscheinen" (Im Amerikanischen FEAR: False Evidence Appearing Real, Anm. der Übersetzerin). Ich habe auch einmal gehört, dass Sorgen einem Schaukelstuhl vergleichbar sind – er gibt dir immer was zu tun, aber er bringt dich nirgendwo hin. Wenn du dich von den begrenzenden Überzeugungen hinter Angst, Sorgen und Zweifel freimachen kannst, wird dein Leben künftig sanfter dahinfließen.

Warum du nicht bekommst, was du willst

Inzwischen sollte dir klar sein: Das, was dich davon abhält, dein volles Potential auszuschöpfen oder deine Träume zu verwirklichen, sind deine starken begrenzenden Überzeugungen. Außerdem hängen deine kritischsten Überzeugungen mit den dich begrenzenden Überzeugungen zusammen, die du über dich selbst hast.

Niemand kann über sein Selbstbild oder Selbstkonzept hinauswachsen. Es ist unmöglich – Überzeugungen bestimmen Erfahrungen. Kannst du dir nicht vorstellen, etwas zu tun oder etwas zu sein, dann vergiss es. Es wird nicht geschehen. Wenn du andererseits an deinem Traum festhalten und alle begrenzenden Überzeugungen, du könntest es nicht, auszuräumen vermagst, dann schaffst du es!

Wieso ist bei den vielen Selbsthilfebüchern und -kursen heutzutage nicht jeder glücklich und bekommt, was er will? Warum rackern sich so viele Menschen ab, etwas zu erreichen, nur um frustriert aufzugeben?

Wie viele Selbsthilfe- oder Motivationskurse hast du schon besucht, und kurz danach war deine Begeisterung wieder verflogen? Was meinst du, glaubt ein Mensch wirklich, der sich fünfzigmal am Tag sagt: „Ich bin reich. Ich bin reich. Ich bin reich?" Du kannst es dir denken – in Wirklichkeit glaubt er, er sei nicht reich.

Außerdem bestärkt er die Gedankenform, die ihn schon davon abhält, reich zu sein. Er wird keine Ergebnisse seiner

Anstrengungen sehen und frustriert aufgeben. Seine begrenzende Überzeugung könnte mit Geld zu tun haben, aber meistens liegt es an einer persönlichen Überzeugung, z. B. dass er es nicht verdient oder etwas Ähnlichem.

Als ich 1988 anfing, Überzeugungssysteme zu erforschen, musste ich die harte Lektion lernen, dass Erfahrungen durch die

Gesamtsumme deiner Überzeugungen und deinem mentalen Fokus, deiner Aufmerksamkeit bestimmt werden – nicht nur durch die Erfahrung, die du auswählst, um sie zu erschaffen. Ich dachte, dass ich mit diesem tiefen Wissen von der Arbeitsweise des Universums am nächsten Morgen aufstehen und einfach erschaffen könnte, was ich wollte. Wie du dir vorstellen kannst, funktionierte es nicht – ich erschuf nur eine Menge Frustration und Ärger über mich. Ich schätze, ich hatte eine transparente Überzeugung, wie ich Dinge zu lernen hatte – nämlich auf eine harte Weise.

Wie wir schon gesehen haben, können Überzeugungen hilfreich oder begrenzend sein. Begrenzende Überzeugungen verneinen oder ziehen von hilfreichen Überzeugungen und Wünschen etwas ab. Was erhältst du, wenn du +2 und –2 zusammenrechnest? Richtig – Null! Das hatte ich nicht verinnerlicht. Ich war immer noch in dem Glauben befangen, dass ich meine Grenzen nicht einzukalkulieren brauchte, wenn ich nur hart genug an das glaubte, was ich wollte. Ich war sowieso der Ansicht, nicht viele zu haben. Jaja, ich wusste alles.

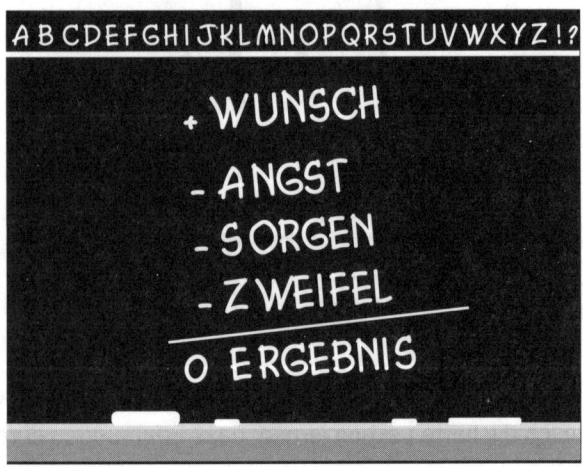

Aber ich verfolgte immer noch die alte Überzeugung: „Wenn ich mich nur mehr anstrenge, dann schaffe ich es". Ich lernte jedoch schnell, dass alte Überzeugungen immer stärker und schließlich dominant werden. Als mir das klar geworden war, konzentrierte ich meine Anstrengungen darauf, mit meinen begrenzenden Überzeugungen zu arbeiten. Und ich fand einige... eine Menge. Nach einer Weile wurde es geradezu ein Vergnügen, sie zu finden. Das hieß, einen Schritt näher daran zu sein, ins Reine zu kommen.

Als Analogie nutzen wir mal ein Bilanzierungsformular. Wie bei der traditionellen Buchführung gibt es zwei Spalten: die Aktiva (die hilfreichen Überzeugungen) auf der linken und die Passiva (die begrenzenden Überzeugungen) auf der rechten Spalte. Auf der linken Seite landen die gesamten Aktiva, auf der rechten die gesamten Passiva.

Auf den ersten Blick erkennt jeder, dass die alte begrenzende Überzeugung „Ich bekomme nie, was ich will" durch jahrelang zugefügte Energie sehr stark und mächtig ist. Sie hat mit der Zeit Energie angehäuft. Man müßte viele „Ich bin reich"-Überzeugungen auf die linke Seite des Kontoblattes schreiben, um diese negativen Überzeugungen zu überwinden. Zum Ersten ist „Ich bin reich" in diesem Fall gar keine Überzeugung – sondern nur eine Behauptung. Es ist ein Wunsch oder bestenfalls eine Hoffnung. Wäre es eine Überzeugung, müsste man sie nicht ständig wiederholen. Außerdem gewinnt mit jeder Wiederholung die wirkliche Überzeugung „Ich bekomme nie, was ich will" an Stärke, um ihre ursprüngliche Intention zu erfüllen – damit du auch wirklich nicht bekommst, was du willst.

```
┌─────────────────────────────────────────┐
│                              Bilanz       │
│                                           │
│   Aktiva          Passiva                 │
│  ─────────────────────────────────────    │
│   Hilfreich       Begrenzend              │
│  ─────────────────────────────────────    │
│   „Ich bin reich"   „Ich bekomme          │
│   „Ich bin reich"    nie, was ich         │
│   „Ich bin reich"    will."               │
│   „Ich bin reich"                         │
│                                           │
│                                           │
│                                           │
│                                           │
│                                           │
│                                           │
│   Gesamtvermögen │ Gesamtausgaben         │
└─────────────────────────────────────────┘
```

Im Grunde genommen handelt es sich um zwei begrenzende Überzeugungen:

1. „Ich bekomme nie, was ich will".

2. „Ich bin nicht reich" (dahinter versteckt)

Um eine wirkliche Verbesserung in dieser Situation zu erzielen, muss die Überzeugung „Ich bekomme nie, was ich will" entfernt werden.

So viele Selbsthilfebücher, -kassetten und -kurse sind auf dem Markt – alle mit guten Intentionen und wirklichem Nutzen. Allerdings ist in vielen Fällen der Nutzen – aus einem guten Grund – nur vorübergehend. Viele Techniken sprechen nicht die

Ursachen deiner Erfahrungen an. Mit neuen Techniken soll man dann die alte Situation überwinden oder umgehen, um einen neuen wünschenswerten Zustand zu schaffen. Dies erfordert ständige Fleißarbeit und Anstrengungen, die bald ermüdend und langweilig werden – meistens geben die Teilnehmer frustriert auf.

Die Hauptursache für solch mäßigen Erfolg bringt uns zu dem bereits Besprochenen zurück: nämlich den begrenzenden Überzeugungen. Sie müssen entfernt werden. Der Versuch, sie gewaltsam zu überwinden, ist allerdings nicht gerade die beste Nutzung von Zeit und Energie. Für eine dauerhafte Änderung deiner Erfahrung ist ein Fokuswechsel nötig: weg vom Überwindenwollen alter Überzeugungen, hin zum Erkennen und einfachen Auflösen dieser alten nutzlosen Überzeugungen. Sie mögen in deiner Kindheit angebracht gewesen sein, aber als Erwachsener behindern sie dich.

Es ist wie das Pflanzen eines Blumengartens. Wenn du die Erde nicht umgräbst und das Unkraut jätest, bevor du etwas pflanzt, erhältst du ein Beet voller Unkraut mit ein paar Blumen darin. Eine Verbesserung, aber nicht gerade das gewünschte Ergebnis. Pflüge also die Erde, entferne das Unkraut und säe deine Blumensamen aus – dann wirst du in kürzester Zeit einen wunderbaren Garten mit deinen Lieblingsblumen haben.

Eine neue Sichtweise

Alte
Über-
zeugungen

Das Auflösen alter Überzeugungen

Eine andere Sichtweise für das gleiche Konzept ist es, wenn du das Zentrum einer Schießscheibe auf der anderen Seite eines Maisfeldes treffen willst. Die Maisstängel (die begrenzenden Überzeugungen) stehen im Weg und lenken den Weg des Pfeiles ab. Anstatt den Pfeil gewaltsam durch das Maisfeld zu jagen, indem du den Bogen stärker spannst, solltest du einfach die Maisstängel zwischen dir und dem Ziel entfernen. So ist dir mit einer guten Sicht aufs Ziel und einer normalen Bogenspannung der Treffer sicher.

Viele Menschen vergeuden beträchtliche Anstrengungen und Geld bei der Suche nach einem Weg zu dem, was sie wollen: Glück, Geld, Liebe, Arbeit – nur um frustriert aufzugeben.

Das Geheimnis besteht darin, sich auf das Auflösen der Hindernisse zu konzentrieren – jener begrenzenden Überzeugungen, die Frustrationen und Ängste in deinem Leben entstehen lassen.

Drei

Erreiche, was du willst

Erhalte dir eine positive Umgebung

Lasse dein neues Wissen nun für dich arbeiten. Als Erstes musst du bedenken, dass du zunächst die Ergebnisse jener Gedankenformen erfahren wirst, die du in der Vergangenheit in Bewegung gesetzt hast. Sei dir im Klaren darüber, dass das passieren wird und beginne von diesem Moment an bewusst die Erfahrungen zu entwerfen, die du dir für die Zukunft wünschst.

Du solltest dir eine positive Umgebung schaffen, während du frühere Entscheidungen untersuchst, die dich weiterhin beeinflussen werden. Erschaffe dir für den Anfang eine positive Lebenseinstellung mit deiner eigenen Version von „Alles geschieht zum Besten". Ich sage absichtlich „deine Version", denn *Deine* Überzeugungen zählen – nicht meine.

Entwickle also deine Variante und stärke die Gedankenform, wenn dir etwas zustößt, das anfangs nicht zu dem „Alles geschieht zum Besten" passen will. Das erfordert etwas Übung, aber während du die Gedankenform festigst, wirst du einen Unterschied bei deinen emotionalen Reaktionen bemerken. Übernimm die Lebensphilosophie, dass man aus jeder Erfahrung lernen kann.

Konzentriere dich auf die positiven Dinge um dich herum, um deine Umgebung weiter zu verbessern. Betrachte lieber das halb volle als das halb leere Glas. Achte darauf, dass du deine Aufmerksamkeit auf das richtest, was du willst und nicht auf das, was du nicht willst. Wenn du mehr Geld möchtest, dann konzentriere dich darauf, wie du es bekommst – und nicht darauf, dass du keines hast. Erinnere dich immer daran, was du über Gedankenformen gelernt hast – du willst schließlich keine Energie verschwenden, um begrenzende Gedankenformen zu stärken. Richte also deine Aufmerksamkeit auf deine Wünsche und Ziele – und festige diese Gedankenformen. Dein Augenmerk sollte darauf liegen, deine Energie positiv zu erhalten. Du weißt ja, was das heißt– je positiver du bleibst, desto mehr ziehst du positive Ereignisse an.

Natürlich wird es Zeiten geben, in denen du dich nicht so positiv fühlst – das ist nur menschlich. Ich ermutige dich nicht, unangenehme Gefühle oder Situationen zu verdrängen oder zu vermeiden. Es ist ein wichtiger Aspekt deines Wachstumsprozesses, sie zu erfahren. Du solltest sie erfahren – und dann so schnell wie möglich weitergehen. Entwickle deine Fähigkeiten zu emotionaler Flexibilität. Hast du die ersten begrenzenden Überzeugungen entfernt, wird es immer einfacher.

Einem Freund von mir gab man den Rat, er müsse seine Ängste erfahren, um sich von ihnen zu befreien. Das mag wohl stimmen, aber Erfahrung muss ja nicht Jahre dauern – Erfahren und Loslassen kann eine Angelegenheit von Minuten sein.

Ich hatte viel Spaß mit meinem Management-Team, wenn etwas schiefgelaufen war und wir alle frustriert waren. „Okay, jetzt sitzen wir alle hier, lutschen fünf Minuten lang am Daumen und vergessen dann das Ganze." So wurde es gemacht, und es funktionierte. Wie lange kann man sich auch deprimiert fühlen, wenn man fünf erwachsenen Männer zusieht, wie sie am Daumen lutschen!

Habe Vertrauen in dich selbst

Genauso wichtig ist es, das Vertrauen (die Überzeugung) zu haben, dass du die Veränderungen vornehmen kannst, die du in deinem Leben möchtest. Hast du die Überzeugung, dass du diese Veränderungen aus eigener Kraft nicht schaffst, kannst du es sein lassen, weil dein Zweifel all deine Versuche zunichte machen würde. Erinnere dich, dass du nur etwas ändern kannst, wofür du auch bereit bist, Verantwortung zu übernehmen. Erschaffe deine Variante von „Ich übernehme die Verantwortung für meine Erfahrungen und ich kann mein Leben zum Besseren „ändern". Du kannst es! Glaube daran. Glaube an dich. Bitte erwarte nicht, dass sich dein Leben wie durch ein Wunder über Nacht ändert. Wenn es doch geschieht, umso besser. Meiner Erfahrung nach jedoch wird es etwas Geduld erfordern. Das mag wie eine einschränkende Aussage klingen, aber mir ist es lieber, du kommst schrittweise voran und bleibst bei der Sache, als Traumschlösser zu bauen und dann frustriert aufzugeben. Die Bibliothek deiner Überzeugungen ist im Laufe von Jahren gewachsen; es dauert eine Weile, bis du Zugang zum Inhalt findest. Der richtige Augenblick jedoch, in diesen Veränderungsprozess einzusteigen, ist genau jetzt.

Prozess ist ein wichtiges Wort. Ein Prozess ist etwas, das über einen gewissen Zeitraum abläuft. Veränderung ist ein Prozess. Unglücklicherweise glauben die meisten Menschen, Veränderung sei ein Ereignis und hätte sofortige Ergebnisse. Das Leben selbst ist ein Prozess – alles wandelt sich, alles entfaltet sich. Wahrscheinlich fragst du dich, wie lange dein Wandlungsprozess dauern wird. Realistisch betrachtet, immerzu! Keine Panik – du wirst deinen Wachstums- und Veränderungsprozess fortsetzen wollen, um deine Erfahrungen zu erweitern und zu vertiefen – bis in die Unendlichkeit. Es wird dir zu einem Bedürfnis. Persönliches Wachstum ist ein lebenslanger Prozess. Ändere, was du ändern willst – in deinem eigenen Tempo. Du erfährst deine Welt. Du hast die Regie.

Steigere dein Selbstbewusstsein

Mit der passenden emotionalen Umgebung und dem Vertrauen, erfolgreich sein zu können, musst du jetzt dein Bewusstsein ausdehnen, um die ersten Schritte zum Erkennen deiner begrenzenden Überzeugungen zu tun.

Sätze vervollständigen

Eine der leichtesten Möglichkeiten, Überzeugungen ans Tageslicht zu bringen, sind einfache Übungen, in denen man Sätze vervollständigt. In diesem Konzept werden spontan Satzanfänge fortgeführt, um aus dem Unterbewusstsein unzensierte Informationen ans Tageslicht zu bringen. Sobald nämlich deine logischen und rationalen Gedankenprozesse beteiligt sind, fängst du an, Informationen zu beurteilen und der freie Gedankenfluss versiegt. Im Anhang dieses Buches findest du Übungen, die dir helfen, einige deiner Überzeugungen ans Tageslicht zu bringen. Zum besseren Verständnis schauen wir uns ein paar Beispiele an.

Ich bin verheiratet
Ich bin groß.
Ich bin dick.
Ich bin ein Pessimist.
Ich bin alt.
Ich komme immer zu spät.
Ich bin nett.
Ich bin arm.
Ich bin nie zufrieden.
Ich bin...

Beachte die zahlreichen begrenzenden Überzeugungen, die hier aufgetaucht sind. Kommen dir ein paar bekannt vor?

Überwache deine Selbstgespräche

Durch Überwachen deiner Selbstgespräche kannst du vorzüglich Daten über deine Überzeugungen sammeln. Selbstgespräche sind eine ständige mentale oder verbale Konversation während deines Alltags. Es ist das Reden mit dir selbst. Bei mir geschieht es normalerweise mental. Ich bin froh, sagen zu können, dass ein Großteil meiner Selbstgespräche verschwunden ist, seit ich vor zehn Jahren meine ersten begrenzenden Überzeugungen entfernt habe. Jetzt habe ich genug Zeit, um den gegenwärtigen Augenblick zu erfahren. Das kannst du auch.

Während solcher Selbstgespräche bist du normalerweise mental nicht anwesend und kannst das „Jetzt" nicht erfahren, von dem wir früher schon gesprochen haben. In Selbstgesprächen wird entweder bereits Geschehenes wiedergekäut oder du quälst dich mit Ängsten vor künftigen Ereignissen. Die meisten Selbstgespräche dieser Art sind sehr begrenzend; entweder geht es um etwas, was du getan oder nicht getan hast oder um etwas, was andere getan oder nicht getan haben. Das ist im Allgemeinen unproduktiv und führt zu Urteilen. Verbringst du andererseits den Tag damit, dir immer wieder zu sagen, wie toll du bist, dann ist das wunderbar.

Beim Beobachten deiner Selbstgespräche kannst du viel über deine begrenzenden Überzeugungen lernen. Stell dir vor, du wärst ein kleiner Privatdetektiv, der auf deiner Schulter sitzt und sich Notizen macht. Auf was richtet dieser Mensch dort seine Aufmerksamkeit? Horche auf deine Überzeugungen. Schreibe sie auf. Wie viele sind selbstkritisch? Selbstkritik ist sehr eingrenzend. Lerne, dich auf frischer Tat zu ertappen: „Ha, habe ich wieder was erwischt!"

Eine andere Art und Weise, Selbstgespräche unter die Lupe zu nehmen ist, eine vertraute Person, z. B. deinen Partner oder jemand anderen zu bitten, das aufzuschreiben, was sie dich sagen hören, besonders wenn du aufgeregt bist. Sei dir nur sicher, dass du dazu bereit bist – kein Abstreiten, kein Verteidigen – und nimm es dem Botschafter nicht übel! Nimm die aufgeschriebenen Überzeugungen einfach zur Kenntnis und entscheide dich, was du damit tun willst. Sind welche dabei, die dich einschränken?

Beachte deine Überlegungen

Eine weitere Technik dein Bewusstsein zu schärfen ist, deine Reflexionen im universellen Spiegel zu betrachten. Erinnere dich an das Kapitel mit dem Spiegel: Ereignisse, Umstände und Menschen, die in deinem Leben auftauchen, sind da, um dir zurückzuspiegeln, was du in das Universum projizierst. Um das zu verdeutlichen, werde ich eine meiner Erfahrungen mit dir teilen.

Eine meiner persönlichen Eigenarten ist Ordnungsliebe. Bei mir alles hat seinen festen Platz und muss immer sauber und ordentlich sein. Normalerweise ist dieser Charakterzug von Vorteil, aber im Extremfall wird er zu einer Schwäche. Etwas, was mich ärgert, sind lose Haare – Katzenhaare, Hundehaare, menschliche Haare, egal was. Ich selbst habe seit Jahren nur noch wenig Haare auf dem Kopf, glücklicherweise mochte meine frühere Partnerin Glatzen. Sie hatte wunderschöne Haare – kastanienbraun und sehr lang.

Vor etwa zwei Jahren saß ich im Badezimmer und ärgerte mich über die langen braunen Haare auf dem Boden. Meine mentale Konversation klagte meine Partnerin heftig an, weil sie nicht sauber gemacht hatte. Ich wurde immer gereizter, aber plötzlich schoss es mir durch den Kopf: „Mein Gott, was wäre jetzt, wenn gar keine Haare da wären?"

In diesem Moment veränderte sich etwas in mir, und die Haare auf dem Boden erinnerten mich daran, wie glücklich ich war, dass es diese Frau in meinem Leben gab. Mir stiegen Freudentränen in die Augen. Lässt dein(e) Partner(in) die Zahnpastatube offen oder legt er(sie) die Toilettenpapierrolle verkehrt herum ein? Großartig! Dann hast du jetzt auch etwas, was dich daran erinnert, wie glücklich du bist.

Wenn du nicht schon angefangen hast, eine Liste mit störenden Gedanken aufzustellen, dann fange jetzt an und ergänze sie durch weitere Situationen. Wenn du Vorkommnissen begegnest, die dich „fesseln", dann frage dich: „Was, glaube ich, passiert hier gerade? Und notiere gleich die Antwort. Im Anhang bekommst du einige Hinweise, wie du mit diesen Informationen weiter vorgehst.

Erinnere dich auch daran, was ich über die Reflexionen von anderen Menschen gesagt habe. Ein Urteil, das du über jemand anderen fällst, ist ein Urteil, das du projizierst. Im Grunde genommen beurteilst du dich selbst. Wenn du z. B. das Verhalten eines anderen bemerkst und es als „Besserwisserei" bezeichnest, was sagt das dann über dich aus? Ich vermute, es reflektiert deine Unsicherheit, nicht alles zu wissen.

Wann immer du ein Urteil abgibst, entspringt das einem Aspekt deiner Persönlichkeit, den du nicht akzeptiert hast. Es hängt wahrscheinlich damit zusammen, dass du dich nicht klug genug oder unzureichend in Bezug auf einen Titel, auf Zeugnisse oder eine Ausbildung fühlst. Wärest du mit dir zufrieden, dann würde dich das Verhalten eines anderen Menschen nicht „fesseln".

Das ist der Spiegel – er spiegelt dir Informationen, damit du mehr über dich lernst. Wenn du bemerkst, dass du jemanden beurteilst, dann frage dich: „Wenn ich das über diesen Menschen glaube, was sagt das über mich aus?" Erinnere dich, dass ich gesagt habe, du solltest dich nicht dafür verurteilen, dass du andere beurteilst. Es wird eine Weile dauern, dein Beurteilen zu ändern – wenn du das willst. In der Zwischenzeit schenke dir Wertschätzung für den Mut, daran zu arbeiten.

Das Entfernen begrenzender Gedankenformen

Zum Entfernen begrenzender Gedankenformen benutzt du die gleiche Methode, die du angewendet hast, um sie zu erwerben. Du hast gewählt. Um sie zu entfernen, triffst du wiederum eine Wahl. Du entscheidest dich einfach dafür. Das mag sich jetzt wahrscheinlich sehr einfach anhören, aber genau so funktioniert es. Es gibt mehrere Techniken mit Urheberschutz, die Prozesse zur Entfernung ungewollter Gedankenformen erklären, aber das Grundelement des Beseitigens ist immer die Wahl.

Der tatsächliche Beseitigungsschritt ist einfach. Die Schwierigkeit für die meisten Menschen besteht jedoch darin, mental an diesen Punkt zu gelangen. Kannst du dir vorstellen, alleine durch ein Feuer zu laufen, wenn du in einem Buch gelesen hast, du bräuchtest dich nur auf die Überzeugung zu konzentrieren, über nasses, feuchtes, samtiges Gras zu laufen? Ich glaube kaum, dass du deine Schuhe ausziehen würdest, bevor du nicht etwas Unterstützung bekommen hast. Genauso ist es mit den Techniken zur Entfernung von Gedankenformen. Zunächst gilt es, mit kleineren Erfolgserlebnissen das Vertrauen aufzubauen, bevor man daran glauben kann. Wir alle haben gewachsene Überzeugungen von dem, was wir können und was wir nicht können. Mit diesen müssen wir zuerst fertig werden. Außerdem ist es eine gute Idee, eine entfernte begrenzende Überzeugung durch eine hilfreiche zu ersetzen. Hier ein einfaches Beispiel:

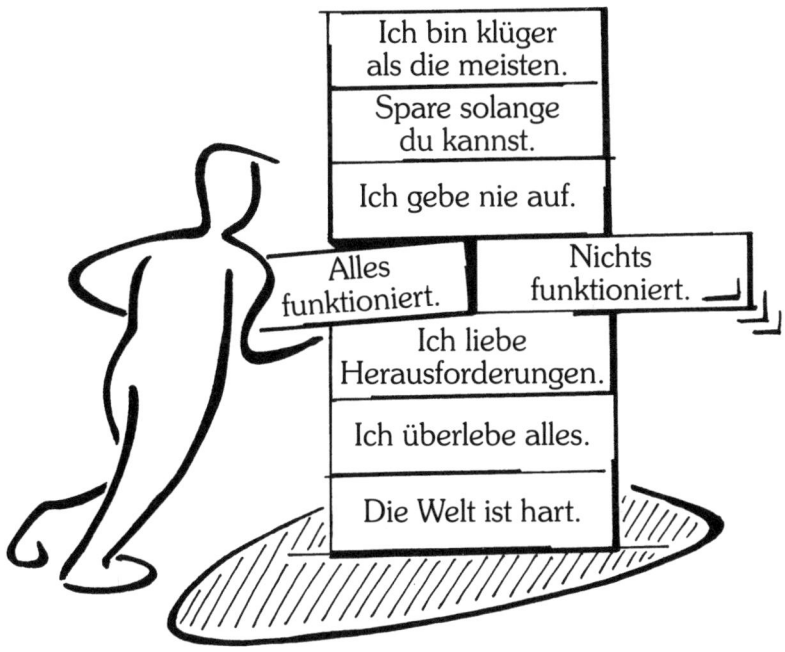

Sagen wir einmal, du hast die begrenzende Überzeugung aufgedeckt: „Bei mir funktioniert gar nichts". Als Erstes konzentrierst du dich jetzt voll und ganz auf diese Überzeugung, und dann sagst du dir langsam und bedächtig, mental oder verbal: „Ich habe die Überzeugung 'Bei mir funktioniert gar nichts', und ich entscheide mich, diese Überzeugung zu entfernen, da sie mich eingrenzt". Das ist alles, was du zu tun hast. Als Ersatz wählst du einfach eine neue Überzeugung. „Ich entscheide mich, sie durch 'Alles, was ich mache, wirkt sich zu meinem Besten aus' zu ersetzen".

Wenn du dir noch einmal die Weinrebenstruktur der Gedankenformen in Erinnerung rufst, wirst du feststellen, dass du jedes Mal, wenn du eine Gedankenform entfernst, näher an die Wurzel-Gedankenform kommst.

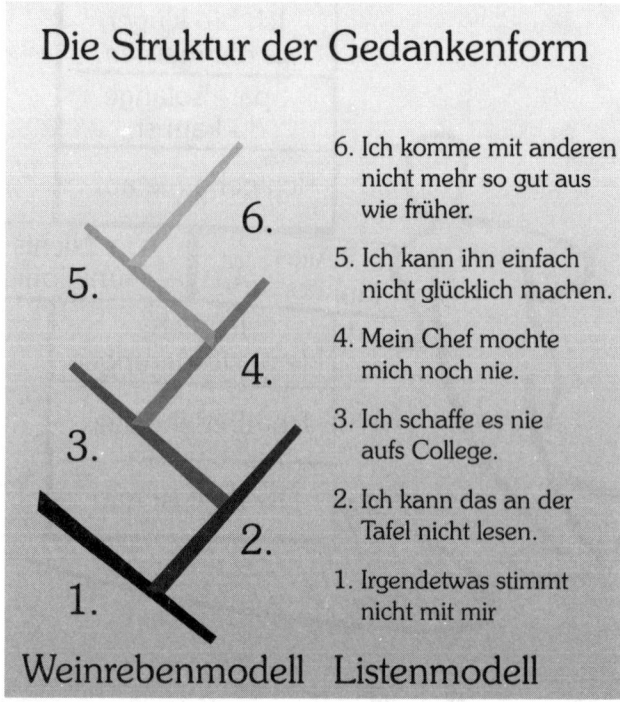

Die Struktur der Gedankenform

6. Ich komme mit anderen nicht mehr so gut aus wie früher.

5. Ich kann ihn einfach nicht glücklich machen.

4. Mein Chef mochte mich noch nie.

3. Ich schaffe es nie aufs College.

2. Ich kann das an der Tafel nicht lesen.

1. Irgendetwas stimmt nicht mit mir

Weinrebenmodell **Listenmodell**

In einer anderen Herangehensweise könnte man die Zweige eines jeden Stammes in eine Liste verwandeln, bei der die Wurzel-Gedankenform am Ende so wie in der Abbildung aussieht. Ähnliche später geschaffene Gedankenformen legen sich auf die vorherigen. Die neuesten fänden sich dementsprechend ganz oben auf der Liste (an der Zweigspitze).

Hier ist noch ein Geheimnis, das ich für jene entdeckt habe, die sich voller Vertrauen immer tiefer beim Entfernen der begrenzenden Gedankenformen vorwärts arbeiten. Du kannst die Technik vom Entfernen der Gedankenformen auch bei Zweifeln anwenden. Mich haben Zweifel immer wieder aufgehalten. „Hat es funktioniert? Habe ich es richtig gemacht? Heute funktioniert es anscheinend nicht. Irgendwas stimmt nicht. Ich brauche mehr Übung. Ich brauche Hilfe." Jeder Gedanke dieser Art wird deine Fortschritte behindern, weil sich Gedankenformen, wie du ja bereits gelernt hast, immer selbst erfüllen. Wenn du also glaubst, etwas stimme nicht, dann überlege mal, was du gerade erschaffen hast. Wann immer also Zweifel auftauchen, wende die Technik an, sie zu loszuwerden, und gehe weiter.

Noch ein Beispiel

Sagen wir einmal, du möchtest die begrenzende Gedankenform „Keiner hört auf mich" entfernen. Du fängst an, und der Gedanke „Ich weiß nicht, ob ich es richtig mache" taucht auf. Das wird nun die begrenzende Überzeugung, mit der du weiterarbeitest. Fange an mit: „Ich habe die Überzeugung 'Ich weiß nicht, ob ich es richtig mache' und ich entscheide mich, diese Überzeugung zu entfernen, weil sich mich begrenzt."

Dann verfolgst du den Gedanken „Ich bin mir nicht sicher, dass es funktioniert hat". Jetzt machst du das Gleiche mit: „Ich habe die Überzeugung 'Ich bin mir nicht sicher, dass es funktioniert hat' und ich entscheide mich, diese Überzeugung zu entfernen, weil sich mich begrenzt."

Nun gehst du zum Ausgangspunkt zurück: „Keiner hört auf mich". Wenn weitere Zweifel auftauchen, bevor du die ursprüngliche begrenzende Überzeugung entfernt hast, gehe genauso damit um – entferne sie. Sei nicht überrascht, wenn anfangs viele von diesen verflixten Zweifeln auftauchen. Freue dich einfach darüber, dass du noch weitere gefunden hast und löse sie auf. Mach weiter – es wird immer einfacher werden.

Gehe auf
Entdeckungsreise

Ich hoffe, dass diese soeben gelesenen Informationen dich dazu verlocken, gründlicher zu erforschen, wie deine Überzeugungen dein Leben beeinflussen. Im Anhang findest du ein paar einfache Übungen, um dein Bewusstsein zu schärfen.

Mein größter Wunsch ist, dass jeder einzelne Mensch auf der Erde – besonders unsere jungen – Einblick in die Grundlagen der Gedanken und die Macht bekommt, die uns zur bewussten Gestaltung unseres Lebens zur Verfügung steht. Uns allen ist die Fähigkeit angeboren, all das zu erschaffen, was in unserer Vorstellung liegt. Das holografische Universum ist energetisch so strukturiert, dass jeder Wunsch in die Realität umgesetzt werden kann, wenn er nicht von einer vorher geschaffenen gegensätzlichen Überzeugung blockiert wird. Einzig und allein deine Überzeugungen halten dich zurück.

Ich möchte dich mit einer weiteren Einsicht zurücklassen – die Gedankenform, welche die besten Umstände in dein Leben bringen wird, ist: „Ich liebe mich selbst."

Anhang

Ich schlage vor, dass du die Übungen des Anhangs in ein Notizbuch schreibst, so dass du deine Aufzeichnungen für später aufbewahren kannst. Es wird dir eine ausgezeichnete Richtschnur für deinen Prozess sein.

Vervollständigung von Sätzen

Beende ganz spontan und so schnell wie möglich in einem Notizbuch die folgenden „Ich bin___" Sätze. Lasse einfach deine Gedanken fließen. Deine Antworten brauchen nicht logisch zu sein oder einen Sinn zu ergeben.

Ich bin _____
(körperliche Charakteristika).

Ich bin _____
(emotional).

Ich bin _____
(mental).

Ich bin _____
(sozial).

Ich bin _____
(Beruf).

Ich bin _____
(Beziehungen).

Ich bin _____
(Liebe).

Ich bin _____
(Familie).

Vervollständige auf ähnliche Art möglichst viele Sätze:

_____ macht mich glücklich.

_____ macht mich traurig.

_____ macht mich wütend.

_____ macht mir Schuldgefühle.

Männer sind _____.

Frauen sind _____.

Kinder sind _____.

Junge Hunde sind _____.

Geld ist _____.

Die Menschen sind _____.

Sex ist _____.

Das Leben ist _____.

Liebe ist _____.

Ich bin ein _____ Mensch.

Ich kann _____.

Ich kann nicht _____.

Ich sollte _____.

Ich sollte nicht _____.

Es ist falsch, _____.

Ich bin zu _____.

Ich _____ mich.

Wenn du mit deiner Liste fertig bist, schreibe neben jede Überzeugung, ob sie hilfreich (+) oder begrenzend (-) ist. Ziemlich enthüllend, nicht wahr? Wie viele der begrenzenden Überzeugungen möchtest du entfernen?

Überlegungen

Wähle zunächst, um den Prozess in Gang zu bringen, einen dich störenden Punkt von deiner Liste – einen Punkt, der mit vielen Emotionen beladen ist. Etwas, was dich wirklich beunruhigt. Schreibe deine Antworten auf die folgenden Fragen zum jeweils ausgewählten Punkt in dein Notizbuch.

1. Was dachtest du, als du die unangenehmen Gefühle bemerktest?

2. Fällt dir eine andere Überzeugung ein, die in dieser Situation aktuell sein könnte?

3. Welche weiteren Überzeugungen fallen dir ein?

4. Kannst du jetzt die ursprüngliche Überzeugung loslassen, wenn du weitere Überzeugungen (Perspektiven) siehst und weißt, dass die ursprüngliche Überzeugung nur eine von vielen Perspektiven ist?

Beispiel

Hier ist eine Illustration. Die Situation: „Jedes Mal, wenn jemand in das Büro meines Chefs geht und die Tür schließt, fühle ich mich unwohl."

1. Was dachtest du, als du die unangenehmen Gefühle bemerktest?

„Ich hatte das Gefühl, sie reden über mich".

2. Fällt dir eine andere Überzeugung ein, die in dieser Situation aktuell sein könnte?

„Vielleicht haben sie auch über jemand anderen geredet."

3. Welche weiteren Überzeugungen fallen dir ein?

„Vielleicht haben sie gar nicht über jemand anderen geredet. Vielleicht haben sie auch eine Präsentation besprochen oder einen Zeitplan ausgearbeitet. Er oder sie hat vielleicht eine Frage zu bestimmten Arbeitsaufgaben gehabt."

4. Kannst du jetzt deine ursprüngliche Überzeugung loslassen, nachdem du von weiteren Überzeugungen (Perspektiven) weißt und siehst, dass die ursprüngliche Überzeugung nur eine von vielen Perspektiven ist?

„Mein Gott, wie dumm von mir zu glauben, dass sie über mich reden, bloß weil die Tür zu ist. Sie können ja über alles Mögliche geredet haben. Weißt du, mich erinnert das an eine Situation in meiner Kindheit. Wenn mein Vater von der Arbeit nach Hause kam, zog er sich immer im Schlafzimmer um und unterhielt sich hinter geschlossenen Türen mit meiner Mutter. Erzählte sie ihm dann, dass ich tagsüber ungehorsam gewesen war, schlug er mich. Wahrscheinlich ist es genauso, wenn Leute im Büro hinter geschlossenen Türen miteinander reden. Von jetzt an werde ich nicht mehr befürchten, dass sie über mich reden, wenn die Tür zu ist – das ist ja lächerlich."

Wenn die Situation auf diesem Bewusstseinsniveau gelandet ist, löst sich das Thema oft auf.

Kurzgefasste Punkte zum Nachdenken

- Gedanken existieren als Gedankenformen.

- Gedanken erzeugen Gefühle.

- Gedankenformen existieren, um ihre Absicht zu erfüllen.

- Gedankenformen ziehen ähnliche Gedankenformen an.

- Gedanken, die ich als wahr annehme, werden zu meinen Überzeugungen.

- Überzeugungen sind spezialisierte Gedankenformen.

- Überzeugungen bestimmen meine Erfahrungen.

- Die Summe all meiner Überzeugungen ergibt mein individuelles Überzeugungssystem.

- Mein individuelles Überzeugungssystem erzeugt meine energetische Struktur.

- Meine energetische Struktur zieht meine Lebensumstände an.

- Überzeugungen können hilfreich oder begrenzend sein.

- Begrenzende Überzeugungen verhindern den Ausdruck meines wahren Selbst.

- Das, worauf ich meine Aufmerksamkeit richte, erweitert sich in meinem Leben.

- Aufmerksamkeit bestärkt Gedankenformen.

- Ich konzentriere meine Aufmerksamkeit auf meine Ziele.

- Selbstverantwortung schafft innere Macht.

- Meine äußeren Ereignisse (Erfahrungen) werden von meinen inneren Ereignissen (Überzeugungen) bestimmt.

- Das Universum spiegelt mir meine Überzeugungen zurück.

- Beurteilungen, Ängste, Sorgen und Zweifel sind an begrenzende Überzeugungen gebunden.

- Es ist wichtig, positiv eingestellt zu sein, um positive Umstände anzuziehen.

- Alles was passiert, geschieht zum Guten.

- Erfahren ist Fühlen.

- Ich kann nur im gegenwärtigen Moment Erfahrungen machen – jetzt.

- Ich erfahre meine Überzeugungen über die Vergangenheit – nicht die Vergangenheit selbst.

- Begrenzende Überzeugungen machen meine Wünsche zunichte.

- Alte begrenzende Überzeugungen werden größer, wenn sie in Frage gestellt werden.

- Überzeugungen werden ergänzt bzw. entfernt durch Auswählen.

- Bleibe positiv.

- Ich vertraue mir.

- Ich vergrößere mein Selbstbewusstsein.

- Ich entferne die begrenzenden Gedankenformen, die ich entfernen möchte.

- Ich schaffe, was ich will.

- Ich liebe mich selbst.

- Die Ansammlung aller meiner Überzeugungen ergibt mein Überzeugungssystem.

- Überzeugung geht der Erfahrung voraus.

- Meine energetische Handschrift zieht meine Lebensumstände an.

- Jeder hat seine eigene Wahrheit.

- Das, worauf ich mich konzentriere, erweitert sich in meinem Leben.

- Beurteilungen hängen an Überzeugungen.

- Ich löse alte begrenzenden Überzeugungen auf.

*Gib nie auf, wenn du wirklich
an etwas glaubst — besonders wenn
du es selbst bist.*

Über den Autor

Bruce I. Doyle verfügt über 25 Jahre Erfahrung als Führungskraft und Berater mit dem Schwerpunkt organisatorische und individuelle Transformation. Er wird als inspirierender Leiter geschätzt, der auf der Basis seiner Philosophie „Führe die Menschen – manage das Unternehmen!" Transformation schafft. In dieser Philosophie steckt der Wert, aus dem Herzen zu führen, um eine Umwelt zu schaffen, die Integrität und offene, ehrliche Beziehungen fördert. So kann das Erreichen von sowohl individuellen als auch Unternehmenszielen gefördert werden.

Er besitzt mehrere Grade als Elektroingenieur der Penn State University und des Virginia Polytechnic Institute. Er fliegt gern und ist Privatpilot mit Instrumentenausbildung. Doyle hat sich der Aufgabe gewidmet, Menschen beim Erreichen ihres vollen Potentials zu unterstützen, indem sie erkennen, dass ihre Erfahrungen ihre Überzeugungen schaffen.

Wenn du Interesse hast, das Konzept „Überzeugungen bestimmen deine Erfahrungen" tiefer zu erforschen, gibt es Kurse im ganzen Land. Termine und Kursorte sind über den Autor bzw. den Verlag Hampton Roads Publishing erhältlich.

Bücher von Harry Palmer (Avatar):

Die Kunst befreit zu leben ist: die Kunst, mich als Schöpfer meines eigenen Lebens zu erkennen.

Dann sehe ich, dass mein Leben ein Kunstwerk ist, ein tägliches Opus, Happening, Grand Oevre, das ich selbst mit meinem Bewusstsein erschaffe. Wenn ich dafür die Verantwortung übernehme, bin ich frei.

Das hört sich zuerst einmal anstrengend an, mein Gott, das soll ich alles selber tun?

In diesem Buch erfahren wir, dass wir gar nicht anders können – wir erschaffen unser eigenes Leben, ständig.

Vielleicht bringt uns diese Einsicht dazu, etwas kompetenter im Leben erschaffen zu werden, fähiger, entspannter.

Ja, das geht. Wie?

Das steht in diesem Buch.

Die Kunst befreit zu leben
147 Seiten, Hardcover
ISBN 3-933496-19-5

Manchmal gibt es Bücher, die einem den Durst stillen, die großzügig sind und so nötig wie das Glas Wasser an einem heißen Tag. Dieses ist so ein Buch.

ReSurfacing heißt Wiederauftauchen, oder hier: wieder an das Licht der reinen Wahrnehmung gelangen.

Die Übungen in diesem Buch weisen den Weg, öffnen die Augen, öffnen das Herz.

Möglichkeiten, das ReSurfacing-Arbeitsbuch zu nutzen: Als persönliches Handbuch, als Textmaterial für Teil I des Avatar-Kurses, als Referenzmaterial für die ReSurfacing Workshops und als Referenzmaterial und Übungsbuch für Selbsterfahrungsgruppen und Therapieworkshops.

Für alle, die wirklich motiviert sind, sich selbst kennenzulernen und voranzukommen, für Therapeuten, für Entdeckungsreisende im inneren Kosmos – welch ein Reichtum!

ReSurfacing
130 Seiten, ca. A4, Broschur
ISBN 3-933496-22-5

J.Kamphausen